MANEIRAS E COSTUMES BÍBLICOS

CONHECENDO A CULTURA E OS HÁBITOS DO POVO DE DEUS.

Obra escrita por Patrick Cézar da Silva. Todos os diretos autorais foram contratualmente cedidos para o Instituto Bíblico das Assembleias de Deus, nos termos do artigo 49, da Lei 9.610/98 (Lei de Direitos Autorais).

EAD - ENSINO MÉDIO TEOLÓGICO A DISTÂNCIA

Dados Internacionais de catalogação na publicação (cip)
(Câmara Brasileira do Livro, SP, Brasil)

Maneiras e Costumes Bíblicos
Silva, Patrick Cézar
ISBN - 978-85-60068-55-5

Índice para Catálogo Sistemático

Livros Históricos: Cristianismo: Antigo Testamento: Religião

MANEIRAS E COSTUMES BÍBLICOS

CONHECENDO A CULTURA E OS HÁBITOS DO POVO DE DEUS.

Curso Médio de Teologia

EAD - ENSINO MÉDIO TEOLÓGICO A DISTÂNCIA

Sobre o livro

Categoria – Religião

Fim da Execução – dezembro de 2019
6ª Reimpressão Dezembro de 2023

Formato – 16 x 23 cm
Mancha – 12,3 x 19,2 cm

Tipo e corpo: Garamond
Papel: Offset 75g/m2
Tiragem: 1500 exemplares

Impresso no Brasil – Printed in Brazil

Equipe de Realização

Supervisão: Pr. Mark Jonathan Lemos

Produção Editorial

Coordenação
Pr. Mark Jonathan Lemos

Normatização do Texto
Patrick Cézar Silva

Revisão Teológica
Denilson Mattos

Revisão de Português
Emerson Cavalheiro

Capa & Diagramação
Heitor Galvão Souza

Sumário

Apresentação

O calendário marcava 15 de outubro de 1958, quando dava-se início a um chamado Divino que nasceu do coração de um homem simples, nascido na cidade de Pelotas - RS. Naquele momento, tendo apenas 8 alunos nasceu o que conhecemos hoje como IBAD, na pacata cidade de Pindamonhangaba, pelas mãos do casal de missionários Pr. João Kolenda Lemos e Ruth Dóris Lemos.

Durante 55 anos (1958-2013), o IBAD se manteve fiel a proposta inicial e teológica, trabalhando no sistema de internato de forma ininterrupta. Formaram-se milhares de pastores, teólogos, professores, missionários, pregadores e uma infinidade de líderes que propagam as mensagens aprendidas sobre a Palavra do Senhor pelo Brasil e os quatros cantos do mundo.

Em 2006, o IBAD entendeu que precisava transcender os limites de Pindamonhangaba e lançou os cursos teológicos médio e avançado livres à distância. Essa nova metodologia foi criada pensando nos pastores e líderes que sempre sonharam em fazer parte da instituição, mas devido ao tempo e situação financeira, não tiveram a oportunidade de estudar nosso conteúdo de alto nível e reconhecimento dentro do ensino teológico.

Em pouco mais de 10 anos, o curso livre de teologia alcançou a significativa marca de mais de 35 mil alunos pelo mundo, se tornando um sucesso na mídia especializada. Somos hoje o curso teológico que mais cresce no meio eclesiástico e estamos presentes em quase todas as cidades do Brasil e em mais de 15 países. Já formamos mais de 60 mil obreiros e hoje nos tornamos referência de qualidade e excelência entre os cursos livres à distância, dentro da área de teologia.

Guiados por uma nova gestão, demos início em 2011 aos primeiros passos em direção do nosso maior sonho: a criação da Faculdade FABAD. Foram milhares de horas trabalhadas, incontáveis ligações, idas e vindas à Brasília, além de inúmeras visitas do MEC em nossa sede em Pindamonhangaba. Toda essa espera e esforço trouxeram o resultado tão almejado em 2016, com a Portaria MEC nº 358 de 05 de maio de 2016, que credenciou a Faculdade FABAD para os cursos presenciais de Bacharel em Teologia e Tecnólogo em Processos Gerenciais.

Mas a chama que sempre nos guiou e nos levou a quebrar diversas barreiras nesses mais de 60 anos história, ficou ainda mais forte e uma nova jornada teve início. Nosso objetivo agora se tornara levar um ensino superior de qualidade para todo o Brasil. Por isso, ouvindo os pedidos de nossos alunos, em 2017 protocolamos perante ao MEC o credenciamento da FABAD para cursos EaD.

Foram momentos de ansiedade e de muita preparação de toda a equipe, trabalhando para ter os melhores recursos e plataformas para nossos alunos online. E com muita felicidade pudemos anunciar o lançamento do Bacharel em Teologia EaD da FABAD, com a Portaria nº 34, de 11 de fevereiro de 2020.

Agora levamos um curso de Graduação em Teologia totalmente à distância e online, com uma plataforma moderna de estudo e a melhor biblioteca digital do país. E esse é apenas o primeiro passo dado pela Faculdade FABAD EaD, que além do Bacharel em Teologia também oferece cursos de Pós-graduação totalmente à distância e nos próximos anos oferecerá cursos de graduação nas mais diversas áreas de conhecimento.

Aproveite seus estudos e seja bem-vindo a família IBAD/FABAD. Muito obrigado por escolher fazer parte dessa caminhada de aprofundamento teológico conosco.

Como estudar a distância

Caro estudante,

Nosso curso a distância foi estruturado com o objetivo de atender a todos que desejam ter maior entendimento sobre a Bíblia. Para atingir esse objetivo, tivemos o cuidado de planejar e produzir um material adequado para proporcionar a você a melhor experiência educacional possível. Nesse planejamento, chegamos à conclusão de que os livros deveriam não só ter um bom conteúdo, mas também ser acessível a todas as pessoas que desejam ter maior conhecimento das Escrituras Sagradas. Também observamos a necessidade de atender pessoas de qualquer região do país, com diferentes níveis de conhecimento. A partir de tais critérios, desenvolvemos uma coleção de vinte e quatro livros, a qual se constitui em um curso Médio de Teologia a distância.

Esses vinte e quatro livros, escritos de forma clara e objetiva, apresentam, de modo geral, vinte capítulos, divididos em quatro unidades. Em cada unidade e em cada capítulo, há sempre uma introdução, para que o leitor tenha ciência do que estudará naquela unidade e naquele capítulo. Tudo isso foi realizado com o intuito de facilitar a leitura. Com esse mesmo intuito, solicitamos que você observe as orientações para o estudo.

1- Recomendações para melhor aproveitamento de seu curso

Esse estudo requer atitudes próprias de qualquer estudante, porém ele tem como objetivo essencial abençoar sua vida cristã e dar-lhe instrumentos para que você desenvolva o ministério cristão com maior eficácia. Isso implica que serão necessárias, de sua parte, atitudes espirituais corretas, tais como:

1) Ore sempre antes de começar a lição. Isso preparará o seu coração para receber não apenas as informações, mas principalmente os princípios que serão úteis na sua vida com Deus.

2) Tenha o cuidado de sempre consultar a Bíblia. A leitura bíblica

é primordial e insubstituível. Quanto mais você conhecer a Bíblia pela leitura diária, mais facilidade terá na compreensão de estudos que lhe auxiliarão no conhecimento dela.

3) Tenha sempre uma atitude de humildade. Deus revela verdades importantes àqueles que mantém essa atitude em seus corações.

Além desses cuidados, atente também para a dedicação, a disciplina e a perseverança, atitudes essenciais para a obtenção de êxito em todas atividades. Ao iniciar este curso de Teologia, conscientize-se da importância da manutenção desses princípios para o sucesso de sua aprendizagem. Concentre-se sempre no que estiver fazendo, pois a vida está no presente. O passado é a fonte das experiências, e o futuro, um tempo que deve ser planejado para que, quando transformado em presente, possibilite a colheita do que foi plantado, isto é, a obtenção dos resultados desejados. Se mantivermos tudo isso em mente, teremos sempre grandes chances de alcançarmos nossos objetivos.

2- Regras Básicas para a Compreensão do Texto

A leitura bem sucedida – compreensão de texto - requer do leitor a observância de alguns procedimentos básicos. São eles:

· Leitura do texto – Ao iniciar seu estudo, preste atenção à apresentação do livro e à introdução de cada unidade e de cada capítulo. Isto é importante porque essas introduções facilitarão sua compreensão do texto.

· Leitura de unidades de ideia – A leitura de palavras, ao contrário da de unidades de pensamento, faz com que o leitor interprete um texto erroneamente. Isto significa que não devemos ler palavra por palavra e sim atentar para a ideia geral do texto.

· Conhecimento do vocabulário – O conhecimento do significado das palavras auxilia todo o processo de leitura. Por isso, tenha sempre à mão um dicionário da língua portuguesa e também um dicionário ou enciclopédia bíblica. É importante que essa consulta ao dicionário seja feita somente após uma primeira leitura do texto para que você não corra o risco de fazer uma leitura com interpretação inadequada.

· Leitura de diversos tipos de texto – A diversidade de textos permite que o leitor não só amplie seus conhecimentos, como também adquira maior habilidade para leitura. Procure ler outros livros que falem sobre o mesmo assunto.

3- Aplicação Pessoal

· Questões para reflexão – Em todos os capítulos, há questões com o objetivo de levar o estudante a refletir sobre os temas abordados, bem como fazer uma aplicação dos mesmos à realidade atual.

· Exercícios – No final de cada livro, o estudante encontrará exercícios relacionados a cada capítulo estudado para a verificação do conhecimento e fixação do conteúdo.

INTRODUÇÃO

O estudo promovido por várias ciências sociais e humanas para a compreensão dos diversos grupos humanos e sociedades é realmente fascinante. Dentre os diversos estudos promovidos por essas ciências, temos aqueles que se dedicam a compreender as diversas especificidades existentes na cultura e história do povo de Israel.

Esse povo se torna peculiar por conta da escolha divina em querer realizar o seu propósito eterno através dele. Por essa razão é fundamental que possamos, como estudantes da Bíblia, compreender os elementos mais elementares que se relacionam com a vida cotidiana e cultura de Israel.

Pensando nesse propósito, esse livro foi escrito. Muitas vezes, achamos que podemos compreender o texto sagrado apenas com uma simples leitura e promover uma interpretação literal dos fatos narrados, mas temos que ter em mente que essa postura interpretativa do texto bíblico pode incorrer em erros graves de aplicação em nossos devocionais, pregações ou estudos.

Dessa forma, estruturamos cada uma das unidades e capítulos pensando em elementos que podem ser considerados fundamentais para uma compreensão geral sobre a vida cotidiana, cultura, economia, relações de trabalho e produção, religião e religiosidade desse povo que, até os dias atuais, destaca-se por carregar uma história marcada pelos grandes feitos milagrosos e gloriosos de Deus.

O livro foi estruturado em quatro unidades que tratam de temas gerais que enfocam áreas como cultura, vida cotidiana, sociedade e religião.

Foram distribuídos da seguinte maneira: na primeira unidade, intitulada de **A família como projeto de Deus,** nos dedicamos a compreender o elemento mais básico de qualquer sociedade que é a estrutura familiar.

Na segunda unidade, **Saúde e cuidados com o corpo,** pensamos as principais maneiras que os judeus tinham para compreender práticas saudáveis e o cuidado que tinham com o corpo. Já na unidade três, discutimos um pouco vida cotidiana do povo de Israel, enfocando elementos direcionados ao dia a dia desse povo. Intitulamos essa unidade de **Sociedade e vida cotidiana em Israel.**

E por fim, na quarta unidade, denominada de **Aspectos socioeconômicos do povo de Israel,** tratamos de aspectos relacionados à economia e produção de riquezas, elementos ligados a estrutura social como a discriminação, violência e os preconceitos, além de pensarmos um pouco sobre a estrutura religiosa que conduzia o povo de Israel nos tempos bíblicos.

Bons estudos e que o Deus de toda a graça nos abençoe!

A FAMÍLIA COMO PROJETO DE DEUS

Nesta unidade, estudaremos a importância da família dentro do contexto social e cultural do povo de Israel, e, a partir daí, iremos identificar a sua importância dentro do projeto mais amplo de Deus para a humanidade. Para isso, distribuiremos essa unidade da seguinte maneira: no capítulo 1, entenderemos a narrativa bíblica para a formação da família e as diversas orientações concedidas por Deus para o cuidado dos seus membros. No capítulo 2, estudaremos a função e significado social dos filhos dentro e fora da família. Em seguida, no capítulo 3, trataremos do processo que antecede à formação de uma família: a preparação para o casamento, a escolha do cônjuge e a festa de casamento. Já no capítulo 4, trataremos de alguma dificuldades enfrentadas no casamento que eram comuns entre os judeus e como eles ainda são problemáticos para as famílias na atualidade. Por fim, no capítulo 5, iremos estudar acerca da importância das mulheres dentro da sociedade judaica e de sua atuação dentro de uma sociedade marcada pelo patriarcalismo.

Assim que começamos a estudar a Bíblia, encontramos uma clara preocupação divina com a formação e cuidado com a família. Deus é o criador e sustentador da família (Sl. 127 e 128). Há uma preocupação de

Deus com a forma como a família é pensada e conservada com o passar do tempo. Esta relação familiar de Deus com o seu povo demonstra com ele tem essa preocupação com a família. Lembre-se que Deus se relaciona conosco como sendo nosso "Pai", e é assim que Jesus se dirige a ele na oração do "Pai nosso" (Mt. 6.9). Assim, concluímos como a família é importante dentro do projeto de Deus para a humanidade.

Família – formação social e importância bíblica

Neste capítulo, compreenderemos, sob uma perspectiva bíblica, como se deu a formação da família e como esse processo de formação nos apresenta orientações necessárias para a família contemporânea. Destacaremos cada um dos papeis sociais dos principais membros da família: pai, mãe, filhos e filhas.

1.1. A família sob uma perspectiva bíblica

Todo aquele que inicia seus estudos do texto bíblico começa com a problemática gerada pela primeira família originada por Adão e Eva (Gn. 1.27 e 28). Mas vemos, também, que foi através dessa família que Deus revelou o seu proposito para todas as nações. Perceba que, desde o primeiro capitulo de Gênesis, encontramos citação de Histórias de famílias convocadas por Deus para fazer parte de seu propósito: ter um povo para si mesmo.

Vemos isso na família de Adão, Noé, Abraão, e outros. Porém, não podemos fechar olhos para o fato de que cada uma dessas famílias passaram por situação de problemas e dificuldades que tentaram abalar a sua fé, mas sempre Deus se mostrava bondoso e trazia a restauração para suas famílias.

Com a família de Adão e Eva, vemos o problema encontrado com seus filhos Caim e Abel, que a partir de uma relação complicada, houve o primeiro homicídio na terra. Com a família de Noé, vemos Deus colocá-la sobre uma situação de desafio para a construção da arca, como forma de redenção e restauração da humanidade. Já com Abraão, vemos Deus em projeto eterno, escolhendo a família de Abraão para, a partir dela, dar origem ao seu povo, Israel. Identificamos que em cada uma dessas famílias houve muitos conflitos, mortes e grandes tragédias, mas vemos também o quanto Deus se apresentou como o sustentador da família e seu restaurador em tempo oportuno.

Dando continuidade a essa valorização que o texto bíblico dá à família, podemos encontrar em todo o Novo Testamento relatos e fatos que a valorizam. A partir da narrativa que fala da família de Jesus, encontramos uma relação de cuidado divino, mas, também, problemas e preocupações de uma família comum.

Assim, vemos como Deus usa as narrativas relacionadas à família para simbolizar o seu relacionamento para conosco. Um relacionamento de cuidado e de zelo por cada uma de seus filhos: o Pai que perdoa, ama, cuida, que se sacrifica por nós e que se compadece (Sl. 103.13; Mt. 5.48; Ef. 4.6; I Jo. 1.3). Além disso, todos os cristãos têm o hábito de se cumprimentarem e de se cuidarem como irmãos (Ef. 6.10).

1.2. A constituição divina da família

Ao criar o homem e a mulher Deus designou que eles deveriam "crescer e multiplicar" e, nessa designação surgiram os primeiros filhos de Adão e Eva. Nesse primeiro formato da família, Deus trouxe alguns princípios que se tornaram base para a constituição da família. Eles podem ser identificados no texto de Genesis 2.24: heterossexualidade, monogamia e unidade do casal. Sendo assim, vemos que o casal foi abençoado por Deus com muitos filhos e filhas.

Nesse contexto a ideia de família carregava um sentido mais restrito, sendo considerados membros de uma família apenas o pai, a mãe e os filhos. Com o passar do tempo, vemos que essa compreensão passa a se expandir para uma lógica mais ampliada de família, que passa a ser percebida como sendo composta pela família nuclear (pai, mãe e filhos) mais os membros da família estendida (noras, genros, avós, avôs, tios, tias, sobrinhos, etc.). Com o advento da sociedade neotestamentária, identificamos que há uma mudança na estrutura da família, devido à urbanização das cidades, fazendo com que as famílias diminuíssem de tamanho, como podemos perceber através dos relatos das famílias de

Jesus, de Jairo, de Lazaro, dentre outros.

1.3. A compreensão de família a partir do texto bíblico

Dentro da narrativa bíblica vemos como era dada à família um excelente grau de importância. Os cônjuges tinham o dever de se cuidar mutualmente, por isso um acompanhava o outro por toda a vida, mesmo que eles enfrentassem algum tipo de dificuldade, como no caso de Abgail e Nabal (I Sm. 25.3-38), além disso, os filhos eram identificados como bênçãos divinas e era comum que os filhos prestassem profundo respeito aos pais (Gn. 45.3), sendo os pais movidos de profundo amor para com os filhos, mesmo que estes fossem rebeldes e desobedientes (II Sm. 18.32, 33 e Lc. 15.20). Em situações adversas ou tragédias na família, como no caso da morte, vemos a presença de um profundo lamento (Gn. 50.1; II Sm. 18.33).

Esse tipo de contexto familiar não estava livre de situações contrárias a esse padrão e da prática desses princípios. Vemos na Bíblia muitos casos de filhos desobedientes, não tementes a Deus e que desrespeitam aos pais. Mas, isso não serve de base para termos uma conduta semelhante a essas. Deus, por amar muito a sua criação, e também a família, estabelece princípios de respeito e de amor mútuo dentro do contexto familiar, obrigando a todos os seus membros a segui-los, em busca do proposito de cumprir a Sua vontade.

Dessa forma, vemos que Deus sempre concede oportunidade para que haja a reconciliação entre os membros da família quando necessário. Vemos isso no caso de Jacó, quando ficou distante de seu irmão Esaú, devido ao incidente do roubo da primogenitura, mas teve a oportunidade de se reconciliar. Este encontro é marcado por muita emoção entre os dois, além de se caracterizar uma enorme alegria proporcionada por Deus (Gn. 33).

Outro fato que podemos citar é o de José do Egito, que foi vendido por seus irmãos. Deus promoveu um momento de profunda reconciliação, onde vemos o amor familiar ser intensificado por essa ação que demonstra a evidente mão de Deus conduzindo a História para o cumprimento de seu propósito (Gn. 45).

1.4. A função social do pai e da mãe no contexto da família

A família, enquanto projeto de Deus, foi idealizada para que cada um de seus membros principais desempenhassem funções especificas de forma a promoverem a manutenção da própria família e de um convívio saudável entre cada um de seus membros. Logo, compete a cada um dos membros da família procurar, com dedicação e empenho, desempenhar com sabedoria cada uma de suas funções. A seguir, estudaremos um pouco de cada uma das funções dos membros da família e sua relação para o alcance do projeto divino.

a) Os pais como responsáveis pela liderança da família.

A relação entre o pai e marido com a mãe e esposa, deve ser de profundo comprometimento e cumplicidade no cuidado da família e na criação dos filhos. Veja que no texto de Genesis (cap. 1) Deus coloca a mulher como adjutora, significando que ela deveria ser colaboradora do homem em sua tarefa de liderar a família.

Porém, cada um deles passam a desempenhar funções especificas estabelecidas pela palavra de Deus para a saúde e liderança da família. Com relação às funções do pai, vemos que o próprio termo "marido", de origem hebraica, remete à sua posição de líder na família ou de "governador", preocupando-se com a manutenção da casa, com a ajuda direta de sua esposa.

Acerca de suas orientações podemos destacar as seguintes:

*** Cuidar da espiritualidade de sua família como um "sacerdote" em seu lar.** O pai e marido tem uma nítida responsabilidade com a manutenção da vida espiritual de cada um de seus membros, desde a sua esposa, até os seus filhos. Responsabilidade esta que deve levá-lo a desenvolver uma vida de devoção e amor a Deus que inspire os demais membros de sua família. Tal cuidado deve implicar na disciplina necessária sobre os filhos e na correção que exige para moldar em cada um deles, o caráter de Cristo e os princípios bíblicos (Pv. 22.15). Com relação à sua esposa, o apóstolo Paulo adverte que o marido deve cuidar de sua esposa, assim como Cristo se preocupou com a Igreja e se entregou por ela (Ef. 5.25-32).

*** Colaborar com a manutenção do bem estar de sua família.** Compete ao marido e pai a responsabilidade de promover o bem estar e a felicidade dos membros da família, através da busca por formas protetivas contra os malfeitores externos (Mt. 24.43).

*** Colaborar para formação profissional de seus filhos.** Dentro da tradição judaica era comum a presença do que é denominado de profissão de oficio. Isso significa que o pai tinha a competência de passar para os seus filhos, os ensinamentos necessários para que pudessem desempenhar uma profissão quando chegassem à fase adulta. Essa profissão, geralmente, era a continuação da atividade que o pai exercia para sustentar sua família. Podemos citar como exemplo, o próprio caso de José, pai de Jesus, que era carpinteiro. Por essa razão, acreditamos que Jesus exerceu essa função durante a sua vida adulta. De acordo com a tradição rabínica um pai que não ensinava ao seu filho uma profissão estava instruindo seu filho para ser um ladrão.

*** Escolher uma esposa para o seus filhos.** Segundo a cultura de Israel, era muito comum que os jovens se casassem muito cedo e por isso era necessário que fossem feitas escolhas especificas e coerentes para que os filhos não tomassem caminhos que os conduzissem para longe de Deus. Por essa razão, o pai tinha a competência de escolher para os seus filhos esposas decentes. Podemos citar como exemplo, os casos de Agar, Abraão, Isaque e Rebeca (Gn. 21.20, 21; 24.1-3; 27.46-28.1-3).

Dentro da tradição judaica, existem indícios de que os pai tinham muito poder sobre a vida de seus filhos, podendo vendê-los como escravos e, também, puni-los com a morte, caso cometesse algum crime muito grave, porém, não há relatos bíblicos que atestem a veracidade desses fatos, nos levando a compreender que tal coisa não era autorizada por Deus no meio de seu povo.

No Novo Testamento, encontramos alguns princípios que nos ajudam a perceber como a prática do Antigo Testamento foi modificada. Vemos que o apostolo Paulo traz algumas instruções aos membros da família dando aos pais o seguinte mandamento: *"Pais (maridos), não provoqueis a ira de seus filhos..."* (Ef. 6.4). Dessa forma, o pai possuía atribuições que o assemelhavam ao próprio Deus, ou seja, ser amável, misericordioso, compassivo e longânime. Por essa razão, Deus é chamado de pai dentro do texto bíblico, por várias vezes, e também de "ABBA", termo carinhoso que, no diminutivo, traduz-se por "papai" ou "paizinho".

Já no caso da mãe e esposa, como nos referimos anteriormente, vemos pela narrativa bíblica que Deus estabeleceu a mulher como sendo uma cooperadora e auxiliar no gerenciamento da família ao lado do marido (Gn. 2.18).

Comumente temos a concepção de que as mulheres dentro da cultura de Israel eram pessoas sem muita expressão e atuação, além do contexto doméstico. É verdade que na cultura judaica, de predominância patriarcal, vemos que as mulheres tinham função diretamente ligada ao cuidado da casa e das atividades domésticas, além do que competia a elas, a criação e cuidado dos filhos, durante os primeiros anos de vida e depois do zelo e formação das filhas para que assim pudessem ser consideradas boas esposas para o casamento. Acerca da procriação, as mulheres eram percebidas como abençoadas quando tinham a capacidade de procriar, dando aos seus esposos muitos filhos. Lembre-se que em Israel ter muitos filhos era sinônimo de muitas bênçãos de Deus.

No entanto, vemos que o texto de Provérbios traz várias referências que tratam de exaltar as características da "mulher virtuosa" e nos dão uma ideia de como essa mulher em Israel tinha uma atuação muito mais ampla do que simplesmente o contexto doméstico. Dentre eles podemos destacar: Pv. 12.4: *"A mulher exemplar é a coroa do seu marido"*; Pv. 14.1: *"A mulher sábia edifica a sua casa"*; Pv. 18.22: *"Quem encontra uma esposa encontra algo excelente; recebeu uma bênção do Senhor"*; Pv. 19.14: *"Casas e riquezas herdam-se dos pais, mas a esposa prudente vem do Senhor."*. Porém, podemos encontrar mulheres que podem ser consideradas como verdadeiras maldições para a família: Pv. 12.4: *"mas a de comportamento vergonhoso é como câncer em seus ossos"*; Pv. 14.1: *"mas com as próprias mãos a insensata derruba a sua"*; Pv. 19.13: *"a esposa briguenta é como uma goteira constante"*; Pv. 21.9: *"Melhor é viver num canto sob o telhado do que repartir a casa com uma mulher briguenta"*. Nestas citações, identificamos, nas sabias palavras de Salomão, que a mulher pode agir em favor de sua família como pode colaborar diretamente para a destruição dela.

Na relação entre o marido e a esposa destacamos que, na cultura judaica, a esposa devia se subordinar a seu marido e obedecê-lo com fidelidade, pois mesmo não podendo vender a sua esposa como escrava, podia repudiá-la, dando-lhe carta de divórcio (Dt. 24.1), fato esse que foi criticado por Jesus no Novo Testamento (Mt. 5.31, 32). Além disso, o marido poderia desfazer um voto religioso da sua esposa (Nm. 30.6-8).

Na visão do Novo Testamento, vemos que o apóstolo Paulo destaca a necessidade que o marido tem de cuidar de sua esposa, expressando por ela o amor, assim como o próprio Cristo demonstrou por sua Igreja (Ef. 5.25). Também o apóstolo Pedro destaca que a mulher deve ser tratada como sendo o "vaso mais frágil" (I Pe. 3.7). Sendo essas recomendações pastorais compreendidas como necessárias, tendo em vista a dinâmica cultural em Israel, que tinha uma predisposição social para menosprezar as mulheres e, por não terem a Deus, levarem, em algumas situações, a coisificarem suas esposas e as humilharem publicamente. Assim, o apóstolo Paulo destaca que, para que haja o amor mútuo entre marido e mulher, são necessários a intervenção e atuação direta do Espirito Santo, dando, tanto ao marido quanto à mulher, condições para gerenciarem seus sentimentos e submissão da vontade aos desígnios divinos, mediante o enchimento com o Espirito Santo (Ef. 5.8).

b) Os papeis sociais dos filhos e filhas na família hebreia

Os filhos sempre são identificados como bênçãos de Deus para a família em Israel. A chegada de um filho em uma família é celebrada com muito festejo e alegria, pois são considerados como a chegada da benção de Deus ao lar.

Cada um dos filhos possuía uma posição especifica na família. A figura do primogênito era considerada como de alto destaque, por ser o principal dentre os filhos. O filho primogênito era o primeiro filho homem do casal. Ele possuía a benção especial por ser o primogênito. Essas bênçãos eram caracterizadas pela porção dobrada da herança do pai, no entanto, esses privilégios implicavam em várias responsabilidades junto à família, tais como: suceder o pai em suas responsabilidades e deveres, caso faltasse ou morresse. Além disso, competia ao filho primogênito, a tarefa de usar a sua porção dobrada da herança para ajudar a família na resolução de problemas decorrentes de dividas e/ou em situações especificas.

O homem tinha uma formação específica. Era ensinado a ser hábil, a dar continuidade à atividade profissional do pai, com o propósito de sustentar a família na velhice dos pais, dando-lhes um sepultamento digno. O abandono dos pais pelos filhos era considerado, na cultura judaica, como algo muito negativo, porém, era comum que alguns filhos praticassem isso, como identificado na cultura do Corbã, prática criticada por Cristo (Mc. 7.11).

No caso da filha, era preparada para ser boa esposa e dedicada ao marido como "mulher virtuosa" (Pv. 14.1), sendo que, a mãe, era responsável pelo treinamento da filha para que gerenciasse bem a casa e cuidasse dos filhos e do marido. Alem disso, era preparada para sere aquela que iria perpetuar o nome de sua família, através da procriação de filhos.

O pai dedicava uma atenção especial às suas filhas, pois elas tinham que casar em uma idade especifica, a fim de que, socialmente, não fossem consideradas inadequadas para o casamento e, com isso, atrair para a família difamação e desrespeito social.

Como as mulheres eram entendidas como sendo abençoadas, por causa da capacidade de procriar, quando uma jovem era estéril, era considerada socialmente como uma mulher amaldiçoada e, por isso, sofria por conta de sua deficiência.

A relação entre irmãos sempre é destacada no Antigo Testamento, como sendo uma relação de amor, zelo, alegria e cuidado mútuo, mas, também, identificam-se algumas relações de ódio, amargura, tristeza, dor e sofrimento.

Diante desses fatos, podemos concluir que Deus é um ser preocupado com a família e que a constituiu com o propósito de abençoar o mundo, através das bênçãos vivenciadas e compartilhadas por famílias que vivem pelos princípios e valores das Escrituras. Assim, podemos perceber que, mesmo que a família contemporânea venha a ser reconfigurada, a partir de princípios opostos aos destacados pela Bíblia Sagrada, temos que acreditar na família, pois ela é um produto divino e, por isso, temos que nos submeter ao projeto divino de propagar a sua graça e glória, mediante a vida das diversas famílias ao redor do mundo que amam e compartilham de suas verdades e princípios.

Questão para reflexão

Como os princípios e valores destacados por Deus ao povo de Israel acerca da família podem colaborar para a compreensão do propósito de Deus para a família na sociedade contemporânea? Como os princípios do Novo Testamento, podem ajudar a fortalecer as bases bíblicas para a família cristã contemporânea?

O Desenvolvimento da vida na sociedade de Israel - a concepção, o nascimento e formação educacional

Ter filhos, entre os judeus, sempre foi visto como algo muito especial, como relatamos anteriormente pois, os filhos eram percebidos como expressão das bênçãos divinas sobre as famílias. Por essa razão, vemos que estas, dedicavam-se na preparação para a chegada de uma nova criança. Pensando nisso, nos dedicaremos a verificar alguns pontos específicos, para que compreendamos todo esse processo de preparação, passando pelo rituais de recepção e consagração dos bebês, bem como demonstrando como se dava o período de purificação das mulheres, de amamentação das crianças, concluindo com o processo de formação educacional delas.

2.1. Os filhos como uma benção divina

A fertilidade sempre foi considerada como algo muito importante nos tempos antigos, principalmente entre os judeus, pois tal fato relacionava-se às bênçãos divinas. Vemos que o próprio Deus traz a seguinte denominação no jardim do Éden: "Sede fecundos, multipliquem e encham a terra." (Gn. 1.28). Tal ordenança divina pode ser encarada como sendo ruim para os dias atuais, mas precisamos fazer uma ponderação acerte dessa ordenança divina; ela se aplica ao povo de Deus na antiguidade. Atualmente, temos que pensar na criação de filhos de forma responsável, entendendo que os filhos são presentes de Deus para trazer alegria para as famílias que os recebem. Por essa razão, vários textos exaltam a fertilidade das mulheres e a associam com as benção de Deus. Veja alguns textos: *Como é feliz o homem cuja aljava está cheia deles (filhos)!"* (Sl. 127.5); *"Sua mulher será como videira frutífera em sua casa; seus filhos serão como brotos de oliveira ao redor da sua mesa"* (Sl. 128.3); *"Os filhos são herança do Senhor, uma recompensa que ele dá"* (Sl. 127.3).

Como contraste a essa ordenança, encontramos o problema da infertilidade das mulheres, que eram tratadas socialmente com repúdio ou desprezo. Tendo essas ideias em mente, podemos compreender melhor todo o processo de recebimento e de preparação dos filhos para a vida social e religiosa do povo de Deus e porque esse processo era considerado como algo tão importante.

2.2. O período da gravidez e o parto

O processo de gestação é bem descrito pelo salmista no Salmo 139, quando retrata a ideia de como é a gravidez: *"Tu criaste o íntimo do meu ser e me teceste no ventre de minha mãe. Eu te louvo porque me fizeste de modo especial e admirável. Tuas obras são maravilhosas! Disso tenho plena certeza. Meus ossos não estavam escondidos de ti quando em secreto fui formado e entretecido como nas profundezas da terra. Os teus olhos viram o meu embrião; todos os dias determinados para mim foram escritos no teu livro antes de qualquer deles existir."* (Sl. 139.13-16).

Nesse salmo, vemos como o salmista destaca a beleza da formação de um bebê na barriga da mãe, demostrando como a gestação está ligada com a ação de Deus e de suas bênçãos para a família e para o casal. Como as meninas eram formadas para que se casassem muito cedo, tinham muitas gestações, além de que o período entre uma gestação e outra era muito curto. Por essa razão, a lei de Israel previa que todos deveriam ter um cuidado especial para com as mulheres que engravidavam (Ex. 21.22).

Podemos acreditar, de acordo com alguns estudos em sítios arqueológicos em Israel, que houve grande quantidade de abortos. Deve ser por isso que alguns escritores bíblicos declararam ter o desejo de ter nascido mortos (Jó 3.16; Jr. 20.17, 18) como expressão de profunda tristeza. Outro fato interessante da cultura do povo de Israel era o fato de muitas mulheres acreditarem que o aborto era provocado por coisas que ela tinham ingerido, como bebidas e comidas (II Re. 2.19-20). Isso ganhou um grande contraste com o que entendemos, hoje, através da medicina moderna.

Acerca do parto podemos identificar que as mulheres passaram a sentir dor e sofrimento por conta da entrada do pecado no mundo, como nos relata o Gn. 3.16: *"À mulher, ele declarou: 'Multiplicarei grandemente o seu* **sofrimento** *na gravidez; com* **sofrimento** *você dará à luz filhos. Seu desejo será para o seu marido, e ele a dominará".* Além dessa ocorrência, encontramos narrativas bíblicas que demonstram a mesma ideia de sofrimento no parto, que chegaram até a levar uma mulher à morte, como foi no caso Raquel, ao dar à luz a Benjamim (Gn. 35.16-19).

Para auxiliar no trabalho de parto, existia em Israel uma parteira profissional que dava orientações para aliviar o sofrimento das dores de parto. Como exemplo, podemos citar Sifrá e Puá, parteiras que ajudavam as mulheres hebreias no Egito (Ex. 1.15, 16). O parto era considerado de tamanha importância que a tradição rabínica da Lei, o Talmude, permitia que uma mulher fosse ajudada, mesmo que fosse em um dia de sábado, quando todo o trabalho era suspenso.

No Novo Testamento, vemos que o parto seguia o mesmo princípio. Fato curioso é que, provavelmente, Maria, mãe de Jesus, não recebeu nenhum tipo de ajuda durante o momento do seu parto (Lc. 2.1-6). Existe a possibilidade de que José a tenha ajudado, fugindo de um nível de normalidade dentro da cultura judaica, pois não era de costume os pais participarem do ritual do parto.

Após o parto, a criança era higienizada com o uso de sal para purificação, seu cordão umbilical era cortado e amarrado, sendo a criança envolvida em panos (Lc. 2.7). Esse processo de limpeza e de cuidado com a criança se repetia num período de quarenta dias.

2.3. A escolha do nome do bebê

Assim que a criança nascia era comum divulgar entre os familiares e vizinhos, a notícia da sua chegada ao mundo. Veja que o nascimento de João Batista foi anunciado para toda a sua vizinhança para que fosse celebrado por todos (Lc. 1.57, 58). Um das formas de manifestar a gratidão e alegria a Deus pelo nascimento de um bebê era a nomeação da criança.

De forma geral, a escolha do nome do filho recém-nascido era tarefa do pai ou da mãe. Vemos que esse hábito pode ser observado em textos que demonstram que a mãe teve essa tarefa (Gn. 29.32; 30.24;

34.18; 35.18; I Sm. 1.20) e no caso do pai (Gn. 16.15; 17.19; Êx. 2.22).

Dentro da cultura judaica, costume e religião misturavam-se. Isso fazia com que atos do cotidiano ganhassem significado e caráter profundamente religiosos, mesmo questões que em nossos dias podem ser consideradas muito simples, tais como a escolha de um nome para um filho. Para os judeus, o nome poderia estar ligado ao caráter ou servia de forma de expressão que o pai tinha para com seu filho recém-nascido.

Assim, o nome de uma criança poderia ser escolhido como forma de exaltação a Deus, por algum de seus atos gloriosos realizados, ou por conta de um milagre realizado ou, até por uma benção recebida. Os nomes das crianças também poderiam referir-se a sentimentos experimentados pelos pais, ou alguns fatos ocorridos no momento do nascimento, algum lugar, animal, nomes de plantas e situação de caráter simbólico.

Abaixo, podemos citar alguns exemplos que destacam essas características da escolha de um nome:

a) Atitude de exaltação a Deus: geralmente é utilizada a terminologia "EL" que designa DEUS na língua hebraica, mais um prefixo ou sufixo do nome pretendido, atribuindo assim uma ação de louvor e de exaltação ao caráter de Deus e de seus atributos. Exemplos: Daniel = Deus é meu Juiz; Samuel = ouvido por Deus; **Eliezer** = Deus é o meu auxilio; **Elias** = meu Deus é o Senhor;

b) Acontecimento ou sentimento relacionado ao nascimento: um exemplo que ilustra muito bem essa categoria é o nome de Icabode que ilustrou uma situação de profunda ausência de graça e favor divino no meio de Israel. Por essa razão, o seu significado é "foi-se a glória de Deus!" (I Sm. 4.21); acerca de sentimentos vivenciados pelos pais, temos o caso do nascimento do último filho de Raquel. Ela o denominou de Benoni que significa "filho da minha dor" (Gn. 35.18).

c) Relação com nomes de animais e de plantas: Quando os pais escolhiam nomes de animais para os filhos, tinham a expectativa de que assumissem características relacionadas aos animais, como: docilidade, força trabalho, esperteza, dentre outros. Como exemplos de nomes de animais temos: Raquel = ovelha; Débora = abelha; Yoná =Pomba; Ayyah = abutre; Sefufan = víbora; Calebe = cachorro. Com relação aos nomes relacionados a planta temos: Tamar = palmeira; Elom = carvalho; Zeitán = oliveira.

Outro elemento característico relacionado à escolha de um nome para os filhos em Israel era que não era comum termos uma associação de um outro nome ao nome principal (sobrenome) como é nas sociedades ocidentais contemporâneas. Nesse caso, era associado o nome do avô ao seu nome, destacando uma lógica de descendência, ou o uso do prefixo "Ber" ou "Bar", como no caso de Simão Barjonas, ou seja, Simão, filho de Jonas. Sendo, ainda, muito comum uma associação entre o nome e o local de origem, como é o caso de Jessé, o belemita (I Sm. 16.1) e Maria Madalena ou Maria de Magdala (Mt. 28.1).

Por fim, destacamos um caso comum na cultura judaica, registrado em alguns trechos da Bíblia, que foi a possibilidade de alguém ter o seu nome mudado. Como falamos anteriormente, um nome estava diretamente ligado ao caráter ou a uma expectativa dele. Assim, vemos que em algumas situações, nomes de indivíduos eram mudados por eles próprios, por Deus ou por outras pessoas. Exemplos que ilustram essa afirmação: caso de Abraão, Sara e de Jacó que tiveram os nomes mudados por Deus (cf. Gn. 17.5-15; 32.28); José, Daniel, Hananias, Misael e Azarias, tiveram seus nomes mudados por condições impostas pela nova cultura do povo onde passaram a viver (cf. Gn. 41.45; Dn. 1.6, 7).

No Novo testamento podemos destacar o caso do apóstolo Paulo que antes de seu encontro salvífico com Cristo e de se tornar o líder da equipe missionário destinada a pregar o Evangelho aos gentios, ele era denominado de Saulo. Só com a dedicação integral ao compromisso missionário que ele muda de nome. Nesse caso, vemos a marca da mudança de seu caráter e missão perante Deus e seu Reino (At. 13.1, 9, 13).

2.4. Das obrigações legais da famílias para com o recém nascido

Dentre as diversas responsabilidades que os pais carregavam com o nascimento de uma criança podemos destacar as que eram exigências da Lei Mosaica. As principais obrigações estavam concentradas em três, que são: a circuncisão, a redenção do primogênito e a purificação da mãe.

a) O ato de Circuncisão. A circuncisão era caracterizada como um rito religioso que possuía um grande peso de significado para os judeus e que demonstrava o firmamento de uma aliança da família e do indivíduo circuncidado com o único Deus de Israel. Esse ato era marcado pela remoção do prepúcio dos meninos recém-nascidos, no oitavo dia de vida. Vemos que essa prática foi instituída no rito religioso judaico pelo próprio Deus, durante o período abraâmico (Gn. 17.12).

Esse ato era realizado pelo pai, ou pela mãe e, em alguns casos, segundo fontes extra bíblicas, por um especialista (cf. Gn. 21.4; Êx. 4.25). Em tempos mais antigos, eram utilizadas pedras amoladas para o corte do prepúcio, com o passar do tempo foi modificado para facas em metal. Essa prática era realizada no oitavo dia de vida da criança pelo fato de se compreender, não em princípio, mas só posteriormente, que é nesse período que o corpo humano produz uma grande quantidade da substância que favorece o processo de cicatrização.

A circuncisão não era apenas realizada em recém nascidos. Adultos poderiam realizá-la, no entanto, o processo de recuperação era mais prolongado (cf. Gn. 34.24, 25). Segundo a Lei de Israel, todos os homens judeus deveriam ser circuncidados (Êx. 12.47, 49) e foi somente depois do exílio do povo judeu que ela foi cumprida com maior rigor.

Uma das aplicações do termo circuncisão se dá na perspectiva espiritual. Por várias vezes, esse termo é utilizado para se referir ao nível de fidelidade que um indivíduo ou povo tem ao senhorio de Deus. Ter um coração circuncidado significava estar totalmente rendido ao pés de Deus e servi-lo de forma incondicional (Dt. 10.16).

b) A redenção do primogênito. Este outro rito comum na cultura judaica demonstrava o compromisso que os pais tinham com o próprio Deus, como é descrito nos textos bíblicos (Êx. 13.2-12; Nm. 18.15; Lc. 2.22, 23). Este rito tinha como propósito trazer à memoria dois fatos para as famílias de Israel. O primeiro, refere-se ao fato de que todo os primogênitos e toda a primícia dos alimentos e dos animais pertenciam a Deus. E em segundo lugar, todos os judeus deveriam lembrar do tempo que foram libertos do Egito, a partir da poderosa intervenção divina, livrando todos da ação do "anjo da morte".

Neste rito, era competência do pai apresentar o filho ao sacerdote, em sua casa ou no Templo. No ato da apresentação, o pai era questionado pelo sacerdote se o pai desejava redimir o filho ou deixá-lo com o sacerdote. Caso o pai respondesse que desejava a redenção do filho, entregava nas mãos do sacerdote o valor equivalente ao sacrifício, que era de cinco ciclos de prata. Então, o sacerdote respondia ao pai: "Teu filho está redimido!" e recebia a oferta, concluindo o rito.

c) A purificação da mãe. A Lei cerimonial de Israel possuía vários rituais de purificação, dentre eles, podemos identificar o da purificação da mãe, logo que dava à luz, pois era considerada impura (cf. Lv. 12). Quando a mulher passava por um parto, tinha que se submeter a um período mais longo de purificação: quarenta dias, se nascesse um menino e, oitenta dias, caso nascesse uma menina. Após esse período ,a mulher poderia oferecer um tipo de sacrifício, que poderia ser um cordeiro ou uma pomba, mas se fosse muito pobre, poderia sacrificar duas rolinhas, como fez Maria, a mãe de Jesus.

2.5. O processo de formação físico e educacional das crianças em Israel.

Os cuidados administrados pelos pais no contexto da cultura judaica não se limitavam as questões meramente religiosas, pois preocupavam-se com a formação saudável dos indivíduos e, isso referia-se a cuidados com o desenvolvimento físico e educacional, ou seja, eles praticavam com muita dedicação aquilo que os educadores e terapeutas enfatizam hoje em dia: uma formação holística. Vemos que, em Israel, os pais tinham uma compreensão de que eles deveriam cuidar da formação religiosa de seus filhos, dando-lhes informações, princípios e ensinamentos acerca de Deus e de como servi-Lo, como também ter atenção redobrada aos fatores relacionados à saúde física e aos saberes educacionais direcionados ao viver em sociedade.

Podemos afirmar que os cuidados com a integridade física das crianças em Israel vinha desde o período da amamentação. Atividade direcionada à dedicação da mãe e, caso ela não pudesse amamentar, era providenciado uma substituta para isso, uma "ama de leite", como foi registado na Bíblia, em Gênesis 35.8, no caso de Debora como a "ama de leite" de Rebeca. O fim do período de amamentação marcava a época da criança dá um novo passo em direção ao seu desenvolvimento.

A família tinha o cuidado de passar para a criança caráter de responsabilidade em atividade dentro e fora de casa. No caso dos meninos, era o pai quem designava as atividades, já no caso das meninas, a mãe era a responsável por instruí-las. Quando a família era possuidora de posses os meninos, eram encaminhados para a escola, onde passavam a ter responsabilidade com estudos e atividades. A partir dos 13 anos, possuíam atividades e responsabilidade de um adulto.

Para a cultura judaica, a educação dos filhos era encarada como uma atividade fundamental para o desenvolvimento de indivíduos tementes a Deus e amantes de seus preceitos (Pv. 22.6). Nesse caráter da formação dos filhos, os pais dedicavam-se para que tivessem em suas mentes todos os grandes ensinamentos de Deus, as histórias dos Seus grandes feitos ao longo da história, no meio do povo de Israel. Existia um grande esforço dos pais para que os filhos fossem homens e mulheres tementes a Deus e que passassem suas vidas em profunda e total dedicação a Ele.

A formação educacional inicial era de responsabilidade da mãe, em que lhe competia trazer ensinamentos que enfatizassem uma formação moral para com os filhos (Pv. 1.8; 6.20). Após o período da primeira infância, as responsabilidades de formação eram distribuídas entre o pai e a mãe, em que as meninas continuavam com a mãe e, os filhos, passavam mais tempo desenvolvendo atividades relacionadas a uma profissão junto ao pai. É nesse período que a mãe passa a tratar de assuntos formativos, preparando as meninas para a vida adulta, para o auxílio do marido na gestão da casa e, os meninos, aprendem uma profissão para a manutenção da família.

O processo de formação educacional das crianças e jovens em Israel não era feito através de uma instituição formal de ensino, como temos em nosso tempo. No período do Velho Testamento, não temos registros que nos comprovem a existência de tal instituição, que só irá surgir no período pós exilio e ser consolidada no período do Novo Testamento com as sinagogas.

No entanto, vemos mediante os relatos bíblicos que a prática de ler e escrever era comum em Israel, mas não era uma ação popularizada, sendo restrito, possivelmente a uma elite, como vemos nas seguintes narrativas: Dt. 6.9; Dn. 1.3, 4.

No período do Novo Testamento, vemos que a escola já é organizada e serve para a formação do caráter moral e do trabalhador, como um rigor acentuado, tendo a figura do professor como central e destacada. No entanto, a obrigação do ensino recaía para os pais que deveriam ser presentes durante todo o processo de formação e de exigir que os seus filhos aprendessem as verdade das Escrituras. A relação entre professores e alunos era muito próxima, em que todos, independentemente de suas condições sociais e econômicas, estudavam "aos pés" de seus mestres que, com muito rigor, ensinavam os conteúdos necessários para o desempenho de suas atividades como servos de Deus, trabalhadores e bons cidadãos.

O método de ensino aplicado pelos professores judeus era o da repetição. O professor falava o princípio, explicava e questionava os alunos, que tinham de repetir várias vezes até entender. Os conteúdos estudados estavam relacionados aos ensinamentos da Torá, além de Matemática, História, Geografia e Linguagens, todos baseados nos parâmetros da Lei mosaica.

Muitos rabinos, nos tempos do Novo Testamento, acreditavam que somente os meninos deveriam estudar nas sinagogas, pois entendiam que os estudos não faziam bem às meninas, e mulheres em geral, ficando apenas a Lei como algo essencial para que elas aprendessem e nada mais. No que se refere à formação dos meninos, vemos que existia a possibilidade deles irem para um patamar superior de estudos em grandes escolas em Jerusalém, como foi o caso de Paulo que aprendeu com o mestre Gamaliel (At. 22.3).

Dessa forma, podemos identificar através desse relato, como o povo de Israel se preocupava com o desenvolvimento físico, intelectual e religioso de suas crianças, sendo uma obrigação familiar preparar os jovens para uma vida de conhecimento e intimidade com Deus, como também para desenvolver uma vida coerente com os princípios legais e cidadãos de seu tempo.

Questão para reflexão

Quando estudamos acerca do papel da família e sua preocupação com o desenvolvimento integral de seus filhos, quais diferenças podemos identificar em relação à família cristã contemporânea, no que ser refere à sua preocupação com uma formação que seja centrada em um desenvolvimento espiritual, intelectual e cidadão para os seus filhos?

CAPÍTULO 3

Casamento, Família
e vida cotidiana

Ao longo dos capítulos anteriores, temos percebido como Deus tem demonstrado a sua importância e cuidado para a família. Estabelecendo maneiras especificas de cuidar de cada um dos membros na lógica familiar. Mas, também vemos que Deus tem se preocupado com a aliança que é celebrada e que constitui a família, que é o casamento.

Em toda a narrativa bíblica, percebemos Deus se importando com a vida humana, estabelecendo formas de abençoar os seres humanos, levando-os a usufruír de suas bênçãos. O casamento é um meio de glorificar a Deus e de celebrar a grande obra da criação que Ele constituiu, que é a família.

Nesse capítulo, nos dedicaremos a compreender as principais normas e princípios que Deus constituiu para que os seres humanos vivessem felizes, no usufruto de suas bênçãos através do convívio familiar. Vamos ver, também, como a cultura judaica valorizava e celebrava o casamento, através dos símbolos e preparativos estabelecidos como forma de festejar a grande obra da criação que é a vida humana. Além disso, veremos como a família tem sofrido mudanças e alterações ao longo do tempo e como podemos manter firmes os princípios divinos em uma sociedade que não mais valoriza os assuntos bíblicos acerca da lógica familiar.

3.1. A família como projeto estabelecido por Deus

Desde a criação do homem e da mulher, vemos Deus se preocupando em proporcionar ao ser humano um ambiente para que pudesse compartilhar das bênçãos e valores estabelecidos por Ele. Esse ambiente, denominado por Deus de família, é iniciado através da celebração do casamento. É no casamento que o homem e a mulher passam a desfrutar das bênçãos que Deus reservou para as dimensões da vida espiritual, social e sexual. É no casamento que vemos Deus projetando seu projeto para a humanidade e revelando a sua própria imagem no ser humano.

O casamento, humanamente falando, pode ser imaginado como algo tremendamente impossível, pois duas pessoas, um homem e uma mulher, decidem compartilhar, durante toda a sua vida, do convívio um do outro. Cada um com seus defeitos e qualidades, e com todas as imperfeições e limitações de sentimentos, emoções, desejos e vontade.

Mas aquilo que parece humanamente impossível de se realizar Deus estabelece como algo possível. Não através de vontades ou esforços do casal, mas pela intervenção de Deus em suas vidas. Assim, vemos que o primeiro princípio que devemos conservar na mente acerca do casamento é de que Deus é aquele que traz a possibilidade à efetividade no casamento. O mérito está todo em Deus e não nos seres humanos.

A criação dos filhos só é possível quando Deus está dentro do projeto do casamento. O convívio entre marido e mulher só é possível quando Deus está participando do casamento. Não há outra forma. Deus é o firme fundamento do casamento. É Ele quem sustenta o casal quando as coisas não estão bem, quando o dinheiro vai embora, quando os dias não são bons. Deus é o único que possibilita a união e unidade do casal. Sem Deus o projeto de casamento pode até funcionar, mas não concorrerá para o cumprimento de Seu plano e proposito para a humanidade.

Quando olhamos para a sociedade judaica, identificamos como esse princípio era demonstrado com tanto zelo, que levava muitos de Israel a valorizar tanto o casamento que chegavam a praticar atos discriminatórios contra aqueles que não conseguiam se casar. Para o povo de Israel, não se casar era visto como sinônimo de infelicidade e desgraça.

Mas, mesmo tendo essa conduta, vemos que os judeus não permitiam que a beleza do casamento fosse reduzida a algo ruim. O povo de Israel valorizava tanto a cerimônia do casamento que a festa que unia as pessoas em matrimônio movimentava toda a cidade. Para eles, o casamento era reflexo de alegria e de celebração a Deus e a sua criação.

A figura do casamento é tão relevante no texto bíblico que, tanto no Antigo quanto no Novo Testamento, vemos Deus usar a figura do casamento para demostrar a sua relação com o seu povo. No Antigo Testamento, Deus fala que sofre com a traição do povo de Israel e que tem adulterado contra ele, ou seja, o povo de Israel quebrou o pacto que firmou com Deus ao trocá-lo, seguindo falsos deuses. Assim, Deus estabelece que o adultério é uma ação de quebra de um pacto estabelecido entre as partes, trazendo dor e sofrimento para ambas. Por esta razão Deus diz abominar a pratica do adultério (cf. Os. 3.1; Ez. 16.32; 23.37; Jr. 3.8).

Já no Novo Testamento, vemos o Senhor Jesus usar a figura do casamento para representar o nível de responsabilidade que tem para com a sua própria igreja, declarando que a sua Igreja é a sua noiva. Demonstra com isso que o marido deve cuidar e zelar por sua esposa assim como Cristo zela e se preocupa por sua igreja (Ef. 5.22-32; Ap. 19.7, 9; 22.17). Assim, vemos em que nível de exigência Deus coloca o compromisso do casamento, que não pode se reduzir a questões meramente de suprimento afetivo ou sexual, mas diz respeito, também, a um cuidado espiritual do marido para com a esposa.

3.2. Com quem irei casar?

Em nossa sociedade é muito comum vermos os jovens empolgados fazendo planos com quem desejam se casar. Algumas jovens projetam isso desde de muito cedo. Pensam na festa de casamento, na casa onde irão morar e possuem grande autonomia sobre suas escolhas para o casamento. Na cultura judaica dos tempos bíblicos, vemos que esse processo de escolha se dava de forma muito diferente.

Para os judeus, a decisão de escolha do cônjuge era uma das responsabilidade do chefe da família, ou seja o pai. Vale relembrar que quando nos referimos à sociedade judaica dos tempos bíblicos, temos uma sociedade considerada patriarcal, ou seja, a figura do pai era central para as decisões e planejamentos dentro da família. Assim, compreendemos o porquê do pai ser essa figura tão relevante nessa escolha. Essa postura do pai ganha mais significado quando entendemos que, para os homens mais velhos em Israel, os jovens não possuíam sabedoria suficiente para a escolha de um casamento bom, sendo os mais velhos encarregados para, não somente treinar, como direcionar as escolhas dos jovens com quem deveriam se casar.

Por essa razão, era muito comum que os jovens se casassem muito cedo entre os judeus, podendo os arranjos de casamentos serem feitos entre os pais, quando os filhos ainda eram crianças. Eles eram prometidos uns aos outros por acordos feitos entres os pais do casal que iria se casar. E, quando chegavam à idade considerada adequada para o casamento, uniam-se em matrimônio.

Para a tradição rabínica havia muitas opiniões sobre a idade ideal para o casamento. Uns entendiam que o casamento poderia ser realizado entre meninos de 13 anos e meninas com 12 anos. Outros, por sua vez, entendiam que o noivado poderia ser celebrado entre jovens, a partir dos 18 anos, chegando outros a entenderem que um jovem solteiro, aos 20 anos, era inapropriado, mas vemos que essa regra não era seguida com tanta rigidez, pois vemos casos de personagens bíblicos que se casaram depois dos 40 anos, como, por exemplo, Isaque.

Por fim, vemos que, dentro da cultura judaica, o casamento era realizado entre grupos familiares ou entre grupos que residiam muito próximos uns dos outros. Já no contexto do Novo Testamento, vemos que isso sofreu algumas mudanças, porém, identificamos que essa tradição do Antigo Testamento permanecia, como é percebido no caso de Isabel e Zacarias, registrado em Lucas 1.5.

3.3. A preparação para o casamento

Na sociedade judaica existia uma preparação para o casamento que se iniciava com a proclamação do noivado e tinha a sua culminância com a festa de casamento. Assim, para entendermos o casamento judaico é necessário que compreendamos como se desenvolvem esses três momentos específicos da preparação para o casamento, ou seja, o Noivado, o Dote e a Festa de Casamento.

a) O noivado

O noivado, para a cultura judaica, configurava-se como um momento de muito significado, pois era a materialização de uma compromisso estabelecido, a partir da escolha feita pelo pais dos noivos. Esse momento é de profunda importância no processo, até o casamento. Era nele que o casal passava a ter mais conhecimento um do outro, tratava de assuntos relacionados ao valor do dote e acerca da festa de casamento.

O noivado era celebrado através de uma festa, que poderia ser um jantar, onde se iniciava a contagem do tempo, até o casamento. Para os solteiros, o tempo, geralmente, era de um ano e, para casais viúvos, apenas três meses.

Diferentemente de como é em nossos dias, o noivado na cultura judaica não autorizava os noivos a morarem juntos ou a terem relações sexuais antes do casamento. Caso fosse apenas insinuado, poderia trazer muitos problemas para as famílias envolvidas. Quando acontecia de um noivado terminar por conta de traição, a mulher era considerada adúltera e, o seu marido, obrigado a dar-lhe uma carta de divórcio, atestando a sua infidelidade.

O noivado era considerado tão importante para o povo judeu que, caso houvesse guerra, o jovem judeu não era obrigado a participar do exército, mas deveria preservar-se para o próprio casamento. Além disso, caso acontecesse alguma coisa com um dos noivos e viesse a morrer, o outro era considerado viúvo, destacando o alto grau de importância social que esse fato tinha na sociedade.

b) O dote

Prática ainda muito comum entre povos do Oriente Médio, o dote se configurava como sendo uma quantia em dinheiro paga ao pai da noiva pelo noivo ou por seus familiares. Essa relação não se configurava como sendo uma lógica de compra e venda, mas servia para demonstrar como o pai da noiva estava atribuindo a sua filha um valor especifico, além de poder demonstrar o quanto o noivo desejava verdadeiramente casar-se com a noiva. Sendo uma genuína demonstração de interesse de casamento com a noiva pretendida. Essa prática era definida pelos preceitos da Lei Mosaica, que a denominava de "preço da noiva" (Êx. 22.16, 17; Dt. 22.28-29).

Em casos onde a jovem noiva era seduzida por um homem que não demonstrasse o interesse de casar-se com ela, o pai da noiva possuía o direito sobre o dote, configurando o fato de que o pai, considerando que a sua filha foi seduzida, poderia não autorizar o casamento e o sedutor deveria pagar a quantia do dote.

Durante a narrativa bíblica, encontramos fatos que atestam que o dote nem sempre foi pago em dinheiro, como foi o caso de Jacó, que trabalhou anos para poder se casar com Raquel (cf. Gn. 29.18). Ou, no caso de Saul, que exigiu de Davi cem prepúcios de homens filisteus para que tivesse o direito de casamento com a sua filha, Mical (cf. I Sm. 18.25). Além disso, ainda era comum a prática da troca de presentes como forma de dote, podendo ser o noivo quem presenteava a noiva, como é visto em Gênesis 24.53 e, quando o pai da noiva presenteava aos noivos, como se percebe em I Reis 9.16.

c) A festa de casamento

Ao olharmos para a cultura do povo de Israel, identificamos que era muito comum as festividades, sejam festas religiosas ou familiares.

Nessa cultura festiva, que muito se assemelha com a cultura religiosa brasileira, vemos que a festa mais importante era a festa do casamento, também denominada de "Bodas de Casamento".

Muitos esforços eram empregados para a preparação da festa do casamento. Era necessário ter uma pessoa específica para se preocupar com todos os detalhes da festa que era carregada de significados e simbolismos. Esta pessoa que responsabilizava-se por cada um desses detalhes era chamada de "Mestre sala" ou "Encarregado da festa". Esta função pode ser percebida na festa de casamento em que o Mestre Jesus realiza o seu primeiro milagre a dá início ao seu ministério terreno (Jo. 2.9).

Toda festa de casamento judaica era marcada por muita alegria e abundância de vinhos e comida, como vemos descrito no fato narrado pelo evangelista João (cap. 02) quando trata do milagre de Jesus, ao transformar agua em vinho. Além disso, vemos que os preparativos para a festa de casamento eram tão exaustivos que os detalhes acerca das roupas usadas refletiam muita dedicação e trabalho, como descrito em Mateus 22.

Geralmente, a festa de casamento tinha seu início na véspera, quando o noivo, acompanhado de amigos, saíam em cortejo até à casa da noiva, para buscá-la e conduzi-la até à festa. A noiva era posta sobre uma estrutura e era conduzida para a casa do noivo. Em todo o trajeto, tinha seu rosto coberto por um véu e era toda adornada com as vestes nupciais. Assim que chegavam à casa do noivo, era proferida a benção dos pais sobre os noivos, que enfatizavam a fertilidade. Nesse fato é importante relembrar que a fertilidade era vista, na cultura judaica, como um sinal das bênçãos de Deus, por essa razão, os pais a enfatizavam.

Esse momento não possuía nenhuma característica religiosa. E a noite seguia com a presença de muita música e celebração em prol da alegria do casal de noivos. Enquanto o noivo celebrava e dançava com os convidados e amigos, a noiva era conduzida para um lugar especifico para o seu descanso acompanhada por suas amigas.

No dia posterior ao início das festividades do casamento, a noiva toda preparada com as vestes nupciais chegava, no final da tarde, para se encontrar com o noivo. Ela se apresentava toda adornada com jóias e ele vinha ao encontro dela com um diadema na cabeça. Além disso, as amigas da noiva vinham em cortejo com lamparinas para iluminar a cerimônia (Ct. 3.11; Is. 61.10; Mt. 25).

Em seguida, eram pronunciadas palavras sagradas que expressavam o amor entre os noivos e rogavam-se as bênçãos de Deus. Enquanto a festa recomeçava com festejos, bebida e comida em abundância, além de muita música e alegria, os noivos eram conduzidos para uma câmara secreta para que ocorresse a primeira relação sexual do casal. Para os judeus, a consumação do ato sexual, durante a cerimônia de casamento, atestava a verdadeira união entre o marido e a esposa. Após a relação sexual, testificava-se, com a exibição do lençol manchado de sangue, a virgindade e pureza da noiva. Só depois disso é que os noivos poderiam voltar a celebrar junto aos convidados da festa (cf. Dt. 22).

Acerca da cerimônia descrita acima, temos que chamar atenção para o fato de que havia algumas variações, a depender a região ou das condições financeiras da família, mas uma das características mantidas dizia respeito aspecto moral e religioso da cerimônia, além da acentuada alegria e muita música.

3.4. Tipologia do casamento

No decorrer da Bíblia, identificamos a ocorrência de alguns tipos de casamento que não se configuram com os princípios estabelecidos pelo próprio Deus. Além do casamento monogâmico, vemos outros tipos de casamentos, tais como: casamento poligâmico, misto e endogâmico. Para esclarecimento, iremos destacar as principais características deles e discutir um pouco a questão do Levirato, como forma cultural que estabelecia responsabilidades familiares acerca do casamento.

a) Casamento monogâmico – era caracterizado pelo união de um homem com uma mulher.

b) Casamento poligâmico – era caracterizado pela união de um dos cônjuges com mais de uma pessoa. Na cultura de Israel era comum um homem ter mais de uma esposa. Nas sociedades em que uma mulher tinha mais de um esposo, denominava-se **poliandria.**

c) Casamento misto – era caracterizado pelo casamento realizado entre pessoas de povos ou culturas diferentes. No Novo Testamento, esse tipo de casamento é destacado no caso de um crente fiel casar-se com alguém que não possuia a fé em Cristo.

d) Casamento endogâmico – era caracterizado por ser casamento realizado entre pessoas do mesmo povo ou cultura.

Por fim, iremos destacar, ainda, nesse capítulo, a relevância cultural e cerimonial do Levirato na constituição da sociedade e manutenção das tradições familiares em Israel. O Lerivato era uma lei mosaica registrada no Livro de Deuteronômio (25.5-10) que estabelecia a obrigatoriedade que um homem tinha de se casar com a viúva de seu próprio irmão. O objetivo dessa obrigação estava no fato de que o irmão vivo tinha que suscitar descendência para o irmão falecido. Vale salientar, também, que a Lei Judaica não autorizava a relação sexual entre cunhados (Lv. 18.16) sendo a obrigatoriedade do Levirato, apenas no caso específico, de que a viúva deixada não tivesse filhos do irmão morto.

Questão para a reflexão

Vimos que o casamento é uma instituição criada, defendida e mantida por Deus, ao longo do tempo, em contextos sociais e culturais diferentes, a partir da ação de seu povo. Assim, como podemos pensar a preocupação da família cristã no desafio de ser família que segue os princípios e valores bíblicos? Como podemos vivenciar, de forma impactante, esses princípios e valores de maneira que contagiem outras pessoas não cristãs a amarem a Cristo e a conduzirem suas famílias por tais princípios? Apresente formas que possam nos ajudar a ser uma Igreja relevante à manutenção de uma família cristã e bíblica.

CAPÍTULO 4

Relacionamentos e Problemas Familiares

O projeto inicial de Deus para a família, desde a sua criação, era de que pudesse se relacionar de forma harmoniosa e pacifica, principio esse previsto para toda a raça humana. Mas com a entrada do pecado na Humanidade, vemos que as relações entre os seres humanos passaram a ser marcadas por diversos conflitos e disputas e a família não ficou imune a isso.

O que pretendemos estudar nesse capítulo, diz respeito aos diversos problemas enfrentados pela família, por conta da conduta corrompida e manchada pelo pecado. Refletiremos um pouco sobre como esses problemas ocasionaram divisões entre famílias nos tempos bíblicos e podem acarretar problemas para as famílias cristãs contemporâneas. Sabemos que, atualmente, há vários outros problemas que não foram vivenciados pelo povo de Israel, mas através dos princípios bíblicos estabelecidos por Deus, podemos projetar formas de encarar e resolver cada um deles, constituindo o espaço familiar como forma de bom convívio e desfrute das bênçãos de Deus.

Acerca desses principais problemas apresentados ao longo da narrativa bíblica temos alguns de destaque. São eles: a questão da poligamia, a viuvez, a problemática do divórcio, do adultério e da infertilidade.

4. 1. A Questão da Poligamia

Como retratamos no capítulo anterior, vemos que a poligamia refere-se ao casamento de um homem com várias mulheres. Essa tradição era comum entre os povos do Oriente Médio e, em algumas sociedades tradicionais tribais, mas de acordo com o projeto divino estabelecido em Gênesis 2, vemos que essa tradição fere os parâmetros estabelecidos por Deus para a família. Assim, identificamos que, mesmo sendo contrário aos princípios divinos, o povo de Israel passou a aderir tal tradição.

Quando voltamos os olhos para o texto de Gênesis 2, vemos como Deus estabelece um modelo ideal para família, sendo ele, a monogamia. Deus, ao criar o homem, estabeleceu uma parceira que fosse idônea, ou seja, uma parceira que fosse compatível com ele e que pudesse ser sua ajudadora no função de "dominar" a criação. (Gn. 2.24). Vemos, ainda, que os primeiros casais descritos no texto bíblico são monogâmicos (Gn. 7.7). Somente com a descendência de Caim vemos surgir os primeiros casais que passam a assumir o comportamento poligâmico (Gn. 4.19), tornando-se comum entre os patriarcas a prática da poligamia (Gn. 16.1,2; 22.20-24; 28.8,9; 29.28; 36.11,12;). Com esse fato, vemos como um princípio estabelecido por Deus pode sofrer alterações ao longo do tempo, quando o povo de Deus passa a ver que o comportamento de povos não tementes a Ele passam a distorcer ou mudar, por mais simples que seja, os seus princípios. Da mesma forma, nos dias atuais, vemos como os cristãos têm aderido a modelos e organização familiar que deturpa os princípios estabelecidos por Deus. Fica para nós o alerta para lutarmos e conduzirmos nossas famílias dentro dos princípios estabelecidos por Deus e não pelos homens.

Dessa forma, vemos que a poligamia passa a ser incorporada ao cotidiano dos judeus de tal maneira que se torna "comum" maridos possuírem mais de uma esposa. Podemos identificar alguns motivos. Um deles é o fator da infertilidade que provocava a necessidade do marido procurar uma nova esposa para que não ficasse sem um primogênito e, com isso, sem uma descendência. Como exemplo, podemos citar os seguintes casos: Abraão (Gn. 16.1-4), Jacó (Gn. 30.1-5) e Elcana (I Sm. 1.1,2).

Outro motivo que podemos relacionar é a presença de costumes locais que envolvem a poligamia, tais como o costume de casar apenas a mais nova depois que a mais velha fosse casada, destacado no caso de Jacó e Raquel (Gn. 29.26,27). Além desse, temos o costume do rei presentear outro rei com uma de suas filhas, como forma de celebração à uma aliança política, sendo essa a justificativa de Salomão ter mais de

700 mulheres e 300 concubinas (I Re. 11.3).

Como o passar do tempo, a poligamia se proliferou em Israel de tal forma que surgiu a necessidade de se criar uma legislação específica para poder regulamentar a prática no meio do povo de Deus. Principalmente no que se referia ao direto da esposa e do primogênito. No caso da esposa, possuía todos os direitos, tais como sustento e vida sexual (Êx. 21.10) e, no caso do primogênito, tinha seu direito de primogênitura, independente de quem fosse a sua mãe (Dt. 21.15,16).

Mesmo que a poligamia fosse uma solução para a questão da infertilidade, podemos identificar que ela trazia conflitos relacionados à disputa entre as esposas. Isso fazia com que a família se tornasse um verdadeiro "campo de guerra". A rivalidade e a disputa entre as esposas gerava divisões e partidarismos entre os filhos, criando conspirações entre irmãos. É nesse ponto que vemos como grandes famílias, destacadas na Bíblia, aparecem com a sua face mais humana e decaída, por conta do pecado.

Vale salientar que no Novo Testamento esse padrão cultural distorcido pelo pecado passa a ser reconfigurado. Como determinação neotestamentária encontramos diretrizes para que o "homem seja marido de uma única mulher", em que o apóstolo Paulo traz recomendações para aqueles que desejam ingressar na liderança da igreja como pastores, diáconos ou presbíteros (I Tm. 3.2).

4. 2. O caso da viuvez

De acordo com o que já estudamos anteriormente, era responsabilidade do marido a manutenção da casa, pastoreio do lar e cuidado com os filhos e esposa. E, no caso da mulher, gerenciar as questões domésticas e o cuidado dos filhos, juntamente com o seu esposo. Então, quando acontecia de uma mulher ou homem tornar-se viúvo, isso causava um grande transtorno para o núcleo familiar básico, como também para a extensão da família.

Dessa forma, foi necessário criar formas de cuidado e atenção a esses indivíduos que eram acometidos pela morte de um de seus cônjuges. Nesse caso, existiam instruções do Antigo e Novo Testamentos que direcionavam ações específicas para esses casos de cuidado social com as famílias.

No Antigo Testamento houve uma convocação a uma atenção especializada às mulheres viúvas e à manutenção delas para que pudessem viver e criar seus filhos (Gn. 38.6,7; I Re. 17.9; II Re. 4.1; Sl. 68.5; Is. 1.17; Jr. 7.6; Ez. 22.7; Zc. 7.10).

Já no Novo Testamento, vemos Jesus ressaltar a necessidade do cuidado para com as viúvas, sendo que elas estavam presentes em seu ministério terreno. Alguns trechos dos Evangelhos são ilustrados com cenas em que o foco do ensino é uma viúva, como no caso da "oferta da viúva pobre" (Mc. 12.42), além de se referir a uma viúva que vivia no templo (Lc. 2.37), do caso da "viúva e o juiz", em que ele usa o exemplo dela para nos ensinar a ser persistentes em nossas orações (Lc. 18.1). Tal ensino foi compartilhado com os primeiros cristãos, sendo uma marca da "Igreja Primitiva" o cuidado com os pobres, órfãos e viúvas, fato que se estendeu por outras narrativas do Novo Testamento sendo um referência para a Igreja contemporânea (At. 6.1; I Tm. 5; Tg. 1.27).

Outro fator que merece destaque nessa temática é acerca do ritual social para o reconhecimento de que a pessoa estava passando por um estado de viuvez. No caso das mulheres, deveriam vestir roupas especificas que destacassem o seu estado (Gn. 38.14), além de passar por um tempo de lamentação, ou luto, pela pessoa perdida. As viúvas eram mantidas pelo filho primogênito, caso fossem maiores de idade e possuíssem condições para manter e sustentar a mãe, caso contrário, a viúva tinha o direito social de voltar à casa de sua pais, como vemos no caso de Orfa (Rt. 1.12-14). Outras opções seriam: casar-se com o irmão do seu marido falecido, como determinava a Lei do Levirato, ou permanecer na família do marido falecido, como vemos em Rute 1.16-18.

Porém, vemos que muitas viúvas eram postas em desalento e passavam por necessidades sérias, por essa razão Deus enfatiza em sua Palavra a necessidade de cuidado e atenção à viúva. Ainda é bom lembrar que a sociedade judaica, por ser patriarcal, praticava discriminação para com mulheres que não tinham a proteção social de um marido, por isso, Deus repete a necessidade de voltar os olhos para esse grupo social tão vulnerável.

Sendo assim, a Lei determinava que as viúvas fossem alcançadas socialmente por atos de justiça, abrigo e de sustento (Dt. 10.18; 14.29; 16.11.14;24.17-21; 26.12,13; 27.19). Mesmo diante dessas determinações, foi necessária a advertência por parte dos profetas contra essas atitudes, como registra Isaías: "Seus líderes são rebeldes, companheiros de ladrões. Todos eles amam subornos e exigem propinas, ***mas não defendem a causa dos órfãos nem se preocupam com os direitos das viúvas***." (Is. 1.23).

Em seu ministério, Jesus, como falamos anteriormente, deu ênfase ao cuidado com as viúvas e, com Ele, aprendemos que devemos amar e cuidar daqueles que não têm a cobertura social, emocional e espiritual da família. Compete a qualquer um dos membros da Igreja Cristã preocupar-se com os demais, no caso das viúvas e viúvos é importante lembrar que assim como Deus demonstra amor e misericórdia a eles, devemos fazer o mesmo.

4. 3. O problema do divórcio e da infidelidade conjugal

A questão do divórcio e do adultério configura-se dentro do projeto divino como problemas muito sérios, pois desestruturam a família e trazem consequências que podem ser levadas por gerações. Por serem tão sérios, precisamos dar a devida atenção ao que a Bíblia fala sobre isso e como esses dois problemas eram vivenciados e resolvidos no meio do povo de Israel.

Mas é preciso, antes de mais nada, enfatizar que o divórcio e o adultério são coisas relacionadas, mas não são, necessariamente, consequência do outro. Por essa razão, iremos analisá-los de forma separada. Outra informação necessária acerca dessa temática, destaca que nossa função aqui não é propor uma análise aprofundada desta temática, mas enfatizar como estes fatos eram vistos dentro da cultura do povo judeu.

No Antigo Testamento, o divórcio não era comum entre as famílias citadas pela narrativa bíblica, no entanto existia uma referência da Lei para tal fato. Em Deuteronômio 24.1-4 lemos:

> "Se um homem se casar e a esposa não for do seu agrado porque ele descobriu alguma coisa vergonhosa da parte dela, ele escreverá um certificado de divórcio e o dará a ela, mandando-a embora de sua casa.
>
> Depois de partir, ela poderá casar-se com outro homem. E, se este também a rejeitar e escrever um certificado de divórcio e o der a ela, mandando-a embora de sua casa, ou até mesmo se ele morrer, o primeiro homem que a mandou embora não poderá casar-se de novo com ela, pois ela foi contaminada. Isso seria detestável para o Senhor. Não tragam culpa sobre a terra que o Senhor, seu Deus, lhes dá como herança."

A partir desse texto podemos destacar algumas questões acerca do divórcio na visão dos tempos do Antigo Testamento. Primeiro, o marido era quem poderia conceder a carta de divórcio, sendo justificável a emissão da carta, caso ele descubrisse "alguma coisa vergonhosa da parte dela", dando margem para que muito maridos deixassem suas esposas pelos motivos mais banais. Por essa razão, discute esse tema no Novo Testamento com muito rigidez.

Na carta de divórcio, o marido deveria deixar claro que estava se divorciando de sua esposa e, com isso, não possuía mais nenhuma responsabilidade familiar, sexual ou social com ela, dando-lhe total liberdade para um segundo casamento.

Existiam situações em que a carta de divórcio não poderia dado por um homem a uma mulher: a) quando um marido acusasse falsamente sua esposa de infidelidade sem que houvesse provas do fato (Dt. 22.13-19); b) quando um homem que tinha violentado uma moça fosse obrigado a casar-se com ela, podendo usar esse procedimento como forma de fuga de sua responsabilidade social (Dt. 22.28,29).

Outro ponto a se destacar do caráter da Lei é que, caso a mulher casada pela segunda vez recebesse carta de divórcio de seu esposo, ficava proibida de voltar para o seu primeiro esposo e passava a ser considerada "contaminada", trazendo-lhe problemas sociais e individuais.

Veja que o trecho em destaque traz, no final, uma correlação direta entre a ideia de maldição para o povo com a prática do divórcio: "Não tragam culpa sobre a terra que o Senhor, seu Deus, lhes dá como herança."

No Novo Testamento, vemos como Jesus traz a questão do divórcio como uma forma de regulamentar exageros que os judeus tinham acrescentado aos costumes criados pela interpretação da Lei. Jesus destaca que a carta do divórcio foi constituída por Moisés, simplesmente por conta da maldade e dureza do coração dos seres humanos, sendo o esperado de todo aquele que queira seguir os princípios de Deus para o casamento, um retorno ao que foi anunciado em Gênesis. (Mt. 10.5-9). Assim, Jesus deixou claro que o divórcio não é o parâmetro ideal para se resolver problemas na família, mas sim, algo criado por causa do pecado que danificou a natureza humana.

Outro problema que causa danos graves à família é a infidelidade conjugal ou o adultério. A prática do adultério era tão abominada por Deus que, sempre que o Senhor Deus iria referir-se à idolatria do povo de Israel, afirmava que o povo "adulterava", o "traía", destacando a sua infidelidade em relação aos falsos deuses. Dessa forma, vemos que o

48

adultério referia-se à quebra da aliança matrimonial de um dos cônjuges.

Esta quebra de pacto é advertida no Antigo Testamento com regras claras de punição. O sétimo mandamento trazia a determinação dada por Deus ao seu povo: "Não adulterarás!" (Êx. 20.14). Como já foi dito, a repulsa de Deus era demonstrada por todo o Antigo Testamento (Pv. 2.16-19; 5.5; 6.20-35; 7.1-27). No Novo Testamento, a narrativa bíblica passa a legitimar os princípios trazidos por Deus acerca do adultério.

Com relação às punições, vemos que as regras eram muito rígidas acerca dos que eram pegos em flagrante adultério, sendo o casal de adúlteros condenados à morte (Lv. 20.10). No entanto, devido ao problema do patriarcalismo existente em Israel, apenas as mulheres eram punidas. Mas, existia um ritual para saber se as mulheres eram culpadas de adultério. Elas deveriam beber agua santa misturada como pó do chão do tabernáculo na presença dos sacerdotes, caso ela tivesse algum reação estranha, tipo o inchaço do ventre ou o decaimento da coxa, ela seria considerada adúltera. Caso contrário, era considerada inocente (Nm. 5.11-31).

No Novo Testamento, vemos Jesus diante de um caso de adultério (Jo. 8.3). Mais uma vez, vemos o Mestre nos ensinando o propósito de agirmos com justiça diante de fatos que o homem interpreta equivocamente o texto sagrado. Jesus questiona os acusadores da mulher, pois ao apresentar a mulher acusada de adultério, eles não apresentam também o homem que cometeu tal ato junto com ela. Possivelmente, é por isso que Jesus traz aos acusadores a sua sentença: *"Aquele que não tiver pecado que atire a primeira pedra!"*. Jesus mexe com as estruturas interpretativas dos fariseus e da tradição da Lei de Moises, e introduz uma interpretação de severidade maior em relação ao pecado de adultério: *"Eu, porém, lhes digo que quem olhar para uma mulher com cobiça já cometeu adultério com ela em seu coração."* (Mt. 5.28).

4. 4. A questão da infertilidade

No começo de nossos estudos sobre a família, vimos que a questão da infertilidade era entendida como algo muito ruim pelo povo de Israel, pelo fato deles acreditarem que ter muitos filhos, estava ligado às benção de Deus para com a família ou para com um povo.

Dessa forma, quando uma mulher não possuía a capacidade de engravidar, era vista como alguém que não alcançou a graça de Deus para abençoar seu marido, dando-lhe filhos. Sendo atribuída à mulher a problemática da infertilidade, tornando-a infértil, inutilizada socialmente e com menos prestígio frente às demais.

Esse fato trazia para a mulher infértil profunda tristeza de alma e lhe causava dor e sofrimento, tirando a harmonia da família. Podemos notar o peso que essa situação causava a uma mulher infértil através do sentimento demonstrado por Raquel, quando Deus lhe concedeu a fertilidade: *"Deus tirou a minha humilhação"* (Gn 30.23). Veja que a sensação anterior dela era de profunda "humilhação" não somente social, mas também espiritual. Ela acreditava que por ser infértil, não era agraciada pelas bênçãos de Deus.

Dentro da tradição cultural-religiosa de Israel existiam procedimentos para se resolver a questão da infertilidade. Dentre eles, podemos citar alguns: a) iniciava-se um processo de confissão de pecados e busca a Deus (cf. I Sm. 1.10-12); b) Utilização de remédios específicos (cf. Gn. 30.14); c) recorria-se a outros mulheres como escravas ou concubinas (cf. Gn. 16.1-2; 30.1-4,9); D) buscava-se a adoção de filhos (Gn. 15.1-3).

Questão para reflexão:

Pensar acerca dos problemas que enfrentaram certas famílias na Bíblia e de como o povo de Israel enfrentava os seus diversos conflitos nos faz perceber como a nossa família é mais humana do que nós mesmo achamos. Assim, podemos criar formas de proteger nossas famílias desses problemas, sem que nos esqueçamos que todos somos suscetíveis a eles. As famílias de sua igreja podem passar por isso e é nosso dever, como cristãos, ajudá-los. Identifique estratégias especificas que podem ser aplicáveis ao contexto da sua Igreja local para ajudar as famílias a se protegerem desses problemas e de ajudarem grupos famílias que possam estar enfrentando alguns deles. Peça sabedoria a Deus para que você seja um instrumento de Deus para abençoar as famílias de sua igreja, vizinhança e de seu bairro.

CAPÍTULO 5

O papel social da mulher em Israel

Em enfoques anteriores, destacamos que uma das características da sociedade judaica dos tempos bíblicos era a predominância de uma estrutura social denominada de Patriarcalismo. Nesse sistema social, o papel masculino tinha maior destaque em questões da vida privada, religiosa e pública. Nesse sistema, a mulher tinha a sua participação, mas com menor destaque no que se refere a seu envolvimento em coisas públicas. Suas ações eram reduzidas a questões domésticas. No entanto, podemos perceber que o texto bíblico aponta para uma ampliação da ação das mulheres, proposto que ela seja mais engajada em questões da família e da vida pública. Nesse capítulo daremos destaque à forma como as mulheres eram vistas no contexto da cultura judaica nos tempos bíblicos.

5. 1. A mulher no projeto criador de Deus

A mulher aparece na criação da humanidade como resultado de uma necessidade de conceder ao homem alguém que lhe fosse compatível em funções e atuação, em relação às suas necessidades afetivas, sexuais e sociais. Assim, vemos que a mulher surge no plano criador de Deus como uma adjutora idônea, ou seja, alguém que vem complementar o homem, dando-lhe possibilidade para agirem juntos na relação com o mundo e para o cumprimento do plano de Deus para a humanidade. Assim, vemos que Deus, ao pensar a mulher não projetou algo de segunda classe ou inferior ao homem, mas sim alguém que tem uma função fundamental para a humanidade e para o Seu plano.

Um texto que nos ajuda a pensar bem essa concepção da mulher para o plano divino esta em Gênesis 1.27-28 e 2.18, que retratam a criação do homem e da mulher. Vejamos algumas verdades que podemos destacar desse texto:

a) Tanto o homem quanto a mulher possuem a Imagem de Deus contida neles – *"Assim, Deus criou os seres humanos à sua própria imagem, à imagem de Deus os criou; homem e mulher os criou."* (Gn. 1.27). Isso significa que existem nos seres humanos características que os aproximam de Deus: bondade, misericórdia, compaixão, entre outros. E essas virtudes estão presentes tanto no homem quanto na mulher. Deus não criou o homem e a mulher a partir de uma lógica de hierarquia, mas para serem complementares, dentro do projeto divino para a humanidade.

b) Deus dá aos seres humanos a capacidade de multiplicarem a sua espécie, através da procriação e Ele abençoa isso como instrumento de povoar a terra, o texto diz: *"Sejam férteis e multipliquem-se. Encham e governem a terra."* (Gn. 1.28). Nessa ordenança divina, vemos Deus concedendo ao homem e à mulher, a tarefa da multiplicação. Isso não é apenas responsabilidade feminina apenas, mas traz atribuições masculinas. Vemos com isso que a procriação não é a função única da mulher. Não temos que pensar de forma tão restrita, mas temos que entender que o texto destaca o dever de governar a terra também para a mulher, pois o texto destaca: *"Encham e governem a terra."*

c) Outra ideia apresentada acerca da mulher nos textos citados acima é que ela tem que ser uma ajudadora que complemente o homem na sua relação com o mundo criado e a humanidade em geral. O texto diz: *"Farei alguém que o ajude e o complete"* (Gn. 2.18). Destaca, não somente a característica de ajudadora, ou seja, uma ajudadora competente que ande do lado de alguém, e não entendamos como uma lógica hierárquica, mas sim com uma lógica de companheirismo que se liga ao sentido de ser complementar, ou seja, a mulher, em sua atuação no mundo, é complementar ao homem não somente no que se refere à sexualidade, mas também à sua atuação, deixando claro que a mulher deve sim, ser protagonista junto ao seu esposo, no cuidado da lar, como tarefa mútua dos dois, e na formação dos filhos para a vida em sociedade.

5. 2. Os efeitos da queda e ação redentora em prol da Mulher

Ao analisarmos o texto de Gênesis 3, vemos que o pecado trouxe consequências para toda a Humanidade. Tanto o homem como a mulher tiveram consequências que afetaram diretamente suas vidas. O homem teve que suar sobre a sua atuação no desenvolvimento de atividades para a manutenção da família: *"por toda a vida, terá muito trabalho para tirar da terra seu sustento." ... "Com o suor do rosto você obterá alimento, até que volte à terra da qual foi formado. Pois você foi feito do pó, e ao pó voltará".* (Gn. 3.17, 19).

No caso da mulher, Deus enfatizou que suas dores iriam ser intensificadas e com elas teria filhos*: "Farei mais intensas as dores de sua gravidez, e com dor você dará à luz. Seu desejo será para seu marido, e ele a dominará".* (Gn. 3.16). Dessa forma, desmistificamos os argumentos que alguns trazem afirmando que no ato da queda Deus "amaldiçoou" a mulher, colocando-a em uma posição de inferioridade em relação ao homem. Vemos, sim, que ela sofreu consequências em seu cotidiano e em sua função biológica de gerar filhos, assim como o homem que, por sua desobediência, sofreu consequências em seu cotidiano.

No entanto, nesse cenário de queda, vemos Deus trazer para a humanidade, a possibilidade de redenção, através do fruto do ventre da mulher. O texto sagrado traz a afirmativa de que é através do "fruto do ventre" da mulher que viria a redenção de toda a humanidade: *"Farei que haja inimizade entre você e a mulher, e entre a sua descendência e o descendente dela. Ele lhe ferirá a cabeça, e você lhe ferirá o calcanhar".* (Gn. 3.15).

5. 3. A Mulher vista sob a perspectiva da Lei

A Lei Mosaica trazia inúmeras referências acerca da mulher. Nessa, destacam-se formas como deveria ser o seu trato com os demais indivíduos, com relação à família, responsabilidades sociais e cuidado com a quebra de padrões morais-religiosos.

Dentre esses princípios legais, podemos destacar os que promoviam uma relação de igualdade entre os homens e as mulheres, proporcionando uma relação de justiça entre os sexos. Podemos citar os casos relacionados ao dever de a) honrar o pai e a mãe (Êx. 20.12); b) o dever que os filhos tinhas de obedecer e não amaldiçoar os pais, sob pena de punição (Dt. 21.18-21); c) caso um casal fosse pego em adultérios, os dois deveriam sofrer punição severa, que seria o apedrejamento (Dt. 22.22). Nesse último caso, vemos como o patriarcalismo, muito comum em Israel, fez com que a regra original fosse alterada, promovendo uma situação de desigualdade social e de gênero na sociedade judaica.

Acerca dessa relação entre mulher e a Lei mosaica, destacamos as leis que a protegiam socialmente, em reconhecimento de situação de vulnerabilidade social, em relação aos homens em Israel. Nesse caso, podemos destacar os seguintes fatos. Primeiro, caso a mulher fosse a segunda de um determinado homem, ele não poderia deixar de sustentar a primeira e nem deixar de ter seus compromissos sexuais com ela, promovendo, assim, uma relação de igualdade entre as duas esposas (Êx. 21.10). Segundo, caso um determinado homem fosse acusado de violentar alguma jovem, seria condenado ao apedrejamento (Dt. 22.23-27). Terceiro, caso um homem acusasse uma mulher de adultério e não tivesse como provar a sua denúncia, ele seria obrigado a permanecer com ela, sem poder pedir divórcio (Dt. 22-13-20).

Por fim, vemos que em determinados aspectos a Lei contribuía para a construção social de uma visão de inferioridade social da mulher, somando para que fosse interpretada essa postura de inferioridade, como sendo algo legitimo. Porém, vale salientar que ao compararmos a projeto de Deus para a mulher descrito no livro de Gênesis identificamos que ele se contrapõe para o projeto estabelecido pela tradição rabínica, proposta pela interpretação da Lei Mosaica. Assim, concluímos que o que Deus planejou, enquanto função e atuação social para a mulher no contexto bíblico, a valoriza, respeita e lhe traz relevância.

5. 4. A mulher pensada a partir do Antigo Testamento.

O plano de Deus para a humanidade sempre teve como relevante a participação da mulher. Durante toda a narrativa bíblica, identificamos mulheres que se destacaram e contribuíram ativamente para a ampliação e concretização do plano redentor de Deus para a humanidade.

Como exemplo podemos citar casos de mulheres que tiveram efetiva participação no plano redentor, assim como destacaram-se no desempenho de uma vida virtuosa.

a) Raabe – ganha destaque ao proteger os espias que foram para Jericó e se tornou instrumento divino para a destruição do muro de Jericó (Js. 2.4-17; 6.17-25). E, por esse fato, entra na galeria dos heróis da fé, destacados pelo autor da carta aos Hebreus: *"Pela fé, a prostituta Raabe não foi morta com os habitantes de sua cidade que se recusaram a obedecer, pois ela acolheu em paz os espiões"* (Hb. 11.31).

b) Rute – vemos seu exemplo de motivação e inspiração para a fé, devido à sua postura diante do acaso. Ela passa a confiar e depender de Deus em meio a todas as divergências e contrariedades da vida. Nos ensina a confiar em Deus e em sua providência.

c) Débora – num contexto de falta de liderança no meio do povo de Deus, ela é levantada por Deus para exercer a função de juíza no meio do povo e para propor direcionamentos justos para a glória de Deus. Além de aparecer como porta-voz das vontades de Deus, sendo instrumento profético em Israel (Jz. 4.4, 5).

d) Ester – através da vida de Ester aprendemos como podemos ser instrumentos de Deus para abençoar toda uma nação. Ela se destaca por sua coragem e determinação para o cumprimento da vontade de Deus e a missão que recebeu do Senhor. Vemos em Ester o reflexo do que significa depositar toda a confiança e esperança no Deus que é poderoso para operar milagres e realizar proezas para proteger o seu povo e cumprir a sua vontade. À sua história é dedicado todo um livro, assim como para Rute.

5. 5. A mulher pensada a partir do Novo Testamento.

Na narrativa bíblica do Novo Testamento, vemos como a atuação das mulheres continua relevante e em destaque. No entanto, temos que enfatizar que as interpretações rabínicas continuaram muito presentes no contexto social e religioso de Israel. Isso significa que muitos dos hábitos e possíveis permissões ou interdições impostas para as mulheres, foram colocadas além do que estabelecia o conjunto da Lei Mosaica.

Como um exemplo disso, podemos citar o fato de que, na Lei Mosaica, não existia nenhuma interdição acerca de proibir o aprendizado da Lei para as mulheres, porém muito mestres rabinos entendiam que era um desperdício de tempo e de energia, tanto para a mulher que aprendia, quanto para o homem que ensinava a lei para as mulheres. Assim, vemos como o hábito e a interpretação da lei pelos rabinos eram colocados acima do que era estabelecido pela Lei de Moisés.

Essa condição social imposta à mulher demonstra o nível de discriminação social que os líderes religiosos promoviam em Israel. Assim, as mulheres passavam a ser vítimas de preconceito e discriminação social, fato destacado no episódio da mulher adúltera, relatado no evangelho de João (8.3-11). Mesmo a Lei determinando que no caso de um casal pego em flagrante adultério, os dois deveriam ser apresentados para que fossem julgados e, se comprovado o fato, condenados ao apedrejamento público (Dt. 22). Nesse caso, narrado pelo evangelista João, apenas a mulher foi conduzida a Jesus. Tal fato mostra como esse preconceito está destacado com muita evidência na narrativa: a) apenas é apresentada a mulher e não o homem; b) a denúncia é apresentada com ares de fúria de julgamento prévio e condenatório; c) os conspiradores expõem a mulher de forma violenta e, com muita fúria, para que fosse aplicada uma "justiça humana" sem a prática da misericórdia e de real justiça divina; d) Jesus intervém no caso para demonstrar a sua justiça e como tal justiça está acima da justiça proposta pelos líderes religiosos de Israel. Mais uma vez Jesus apresenta uma reinterpretação à interpretação apresentada pelos mestres rabínicos do Novo Testamento.

O mestre Jesus, em todo o seu ministério terreno, sempre valorizou a atuação das mulheres. Ele sempre apresentou proposta de dar voz e destaque para o engajamento em sua missão. As mulheres são destacadas e atuantes em todo o seu ministério.

Desde o nascimento do Cristo, podemos encontrar o protagonismo das mulheres. Maria, sua mãe, destaca um aspecto de submissão e de serviço à missão recebida do Pai: *"Maria disse: "Sou serva do Senhor. Que aconteça comigo tudo que foi dito a meu respeito."* (Lc. 1.38). E no final de seu ministério, na cruz ele se preocupa com a sua mãe, transferindo a responsabilidade de filho para o discípulo João: *"Quando Jesus viu sua mãe ali, ao lado do discípulo a quem ele amava, disse-lhe: 'Mulher, este é seu filho'. E, ao discípulo, disse: 'Esta é sua mãe'. Daquele momento em diante, o discípulo a recebeu em sua casa."* (Jo. 19.26-27).

Esse cuidado foi demonstrado durante todo o seu ministério às mulheres. Elas ganham destaque e valorização social, a partir de suas falas e da oportunização de engajamento em seu ministério. Vejamos algumas situações que demonstram isso:

a) Quando se compadece da situação trágica da viúva de Naim;

b) Ao dar atenção e cura para a mulher do fluxo de sangue;

c) Quando dedica tempo e ensina na casa de Marta e Maria, irmãs de Lazaro;

d) Demonstrou cuidado e quebrou padrões culturais equivocados, quando permitiu que uma mulher lavasse e beijasse os seus pés;

e) Conversou publicamente com mulheres marginalizadas socialmente, nos casos da mulher samaritana e mulher adúltera;

f) Considerou como relevantes a colaboração de mulheres em seu ministério, seja como sustentadoras, mensageiras, hospedeiras (Lc. 8.2, 3; 10.38; 24.9; Jo. 4.28).

Essa postura não parou em Jesus. O comportamento dos irmãos da Igreja Primitiva em Atos, destacava o fato de que as mulheres deveriam ser reconhecidas, valorizadas e atuantes na igreja que nascia após o Pentecostes. Assim, vemos que elas estavam presentes em vários momentos da história da igreja dos primeiros séculos: pentecostes (At. 1.14), trabalhando junto aos apóstolos (At. 16.14; 18.24-28; Rm. 16.1, 2; Fp. 4.3; Gl. 3.27, 28).

Questão para reflexão

Na sociedade atual, vemos que surgem muitos movimentos sociais que buscam lutar pelos direitos da mulher e conceder a elas a oportunidade de desenvolverem suas carreiras profissionais, assim como os homens. Porém, vemos também, alguns movimentos que buscam deturpar a visão de Deus para as mulheres, dentro e fora das igrejas evangélicas. Dessa forma, **PENSE** em formas especificas que podem colaborar para a valorização das mulheres no contexto da Igreja Evangélica, da mesma forma como Jesus pensou as mulheres: valorizando sua atuação, respeitando as diferenças e oportunizando o engajamento delas na Missão de Deus.

SAÚDE E CUIDADOS COM O CORPO

Nesta unidade, compreenderemos um pouco mais sobre a forma como os judeus se preocupavam com a saúde e com os cuidados específicos com o corpo: hábitos de higiene, uso de roupas para proteção e estética, propostas de tratamento para combater ou enfrentar diversas doenças.

Nesta discussão, iremos nos deparar com a concepção do Novo Testamento, que nos conclama a cuidar e proteger nosso corpo, como sendo "templo do Espírito Santo" (cf. I Co. 6.19). Analisaremos conselhos dados aos jovens e idosos no tocante ao bem estar e a saúde individual e coletiva.

Dividimos essa unidade da seguinte forma: no primeiro capítulo, compreenderemos as principais proibições alimentares existentes em Israel e como era formada a dieta dos israelitas, no contexto do Antigo e Novo Testamentos.

Em seguida, no segundo capítulo, trataremos dos principais hábitos de higiene comuns em Israel e como se preocupavam com o corpo. No terceiro, focaremos na interpretação do uso das roupas e como eram utilizadas para a proteção e cuidados com o corpo. Já no capítulo quarto, refletiremos as questões relacionadas as doenças mais comuns em Israel e como eram propostas formas de tratamento para elas.

Por fim, no capítulo quinto, nos debruçaremos sobre as questões relacionadas ao final da vida e como eram realizados os sepultamentos, com os principais rituais fúnebres e seus significados em Israel.

CAPÍTULO 1

Hábitos alimentares e a noção de vida saudável em Israel

Atualmente, segundo a Organização Mundial de Saúde, a "Saúde é um estado de completo bem-estar físico, mental e social, e não, simplesmente, a ausência de doenças ou enfermidades"[1]. Assim, vemos como essa ideia se relaciona com a concepção que o povo de Israel tinha sobre a saúde e a promoção de bem estar para os indivíduos.

Durante a narrativa bíblica, encontramos uma profunda importância para a temática da alimentação, além de destacarmos o contexto rural como base da sociedade de Israel. Neste capítulo, focaremos no que a Bíblia fala sobre a alimentação, passando pela discussão sobre os alimentos mais típicos entre o povo e como era pensada a dieta para uma vida saudável.

1.1. A alimentação sob a perspectiva bíblica

O que nos propomos aqui não é realizar uma análise exaustiva sobre como a alimentação foi pensada por todo o texto bíblico, mas destacar os principais elementos que compõem a visão do Antigo e

---

1 Fonte: https://www.portaleducacao.com.br/conteudo/artigos/enfermagem/conceito-de-saude/43939 acessado em 26 out 2019.

Novo testamentos acerca da alimentação.

Durante todo o Antigo Testamento encontramos uma forma muito especifica de pensar os alimentos. Desde o Gênesis, Deus tem um cuidado em disponibilizar para o ser humano e os animais da criação a possibilidade de se ter uma alimentação saudável. Veja que Deus sugere ao homem antes da Queda: *"De toda a árvore do jardim comerás livremente"* (Gn 2.16). Nesse momento, podemos fazer uma inferência de que a alimentação do homem antes da queda era toda baseada em legumes e vegetais sem a utilização da proteína animal.

Porém, vemos que, logo após a queda, o homem passa a ter que produzir o próprio alimento cultivando a terra, com dor e sofrimento (Gn. 3.18, 19). A partir desse fato o ser humano passa a dar um grau de importância diferenciada ao alimento. E é essa importância que iremos encontrar durante todo o Antigo Testamento.

Quando Deus providencia o Maná ou as codornizes no deserto, Ele deixa claro que cada uma delas foi fruto do seu cuidado para com o seu povo. Além disso, vemos como a coleta do Maná está carregada de ritualismo, sendo proibido o acúmulo de um dia para o outro, exemplificando a necessidade de se confiar na eterna providencia divina e de não se acomodar com a coleta diária do alimento (cf. Êx. 16).

Quando a Terra prometida foi descrita para o povo, foi identificada como sendo a "terra que mana leite e mel" (Êx. 3.8; 3.17; 13.5; 33.3; Lv. 20.24). Na Lei Mosaica encontramos definições específicas sobre como deveriam ser feitas as refeições, definindo qual o tipo de carne considerada impura ou que tipo de animal poderia ser utilizado como alimento (Lv. 11), além de destacar o modo como eles poderiam ser preparados (Êx. 34.26), demonstrando a preocupação de Deus com os detalhes das refeições e com a alimentação saudável de seu povo. Ainda vemos que no Antigo Testamento, há indicação de como os alimentos deveriam ser utilizados na apresentação de sacrifícios ou de rituais religiosos (Nm. 29.21, 39; Lv. 2, 3). Nesse ponto, é necessário fazer uma observação no que se refere à relação entre alimentação e vida religiosa em Israel. Era muito comum, parte da carne que era oferecida em sacrifício servir para a alimentação dos levitas, demonstrando o cuidado de Deus com a questão do desperdício de alimento. Pontua-se, com isso, a sacralidade do alimento dentro da cultura judaica.

Vale a pena uma aplicação à nossa relação com os alimentos. É muito comum vermos, em nosso país, um grande número de alimentos desperdiçados diariamente, mas temos que cultivar em nossas famílias o hábito de valorização e de respeito sagrado para com o alimento, entendendo que foi Deus, em sua providência, que nos concedeu.

Já no Novo Testamento, vemos Jesus participando e compartilhando de momentos de refeições, multiplicando os pães para multidões famintas (Mt. 15). O mestre participou de festas com abundância de comida e de bebidas, como festas de casamento, no caso das Bodas de Caná (Jo. 2). Nesses dois casos citados, vemos Jesus se destacar com sendo aquele que se apresenta como o Senhor da providência, suprindo as necessidades de seus servos e celebrando com alegria essa providência.

1.2. Principais hábitos alimentares em Israel

Não existe, registrado na Lei Mosaica, nenhum direcionamento para o pensamento de um padrão para as refeições, porém, pela leitura da narrativa bíblica do Antigo Testamento podemos inferir que os israelitas possuíam o hábito de se alimentar no período da manhã, antes do trabalho, e no retorno das atividades diárias, com um tipo de jantar.

Nessas duas refeições, podemos identificar semelhanças e diferenças. Um das semelhanças está no fato de que as duas refeições eram caracterizadas pelo consumo de alimentos fibrosos, como frutas, mas também com uma grande quantidade de carboidratos e proteínas, como pães e queijos, além de muitas frutas e grãos. Essa dieta dava aos homens que saiam para o trabalho, a energia suficiente para o exercício de suas atividades. Um das diferenças é que na refeição do final do dia, ou seja, o que denominamos de jantar, era mais abundante em comida e em carboidratos.

No caso das mulheres, que eram responsáveis pela preparação das refeições, passavam o dia todo em atividades para a organização dos itens necessários para a refeições do final do dia, servida como jantar. Todo o preparo era de responsabilidade delas, que ia, desde a colheita dos itens, frutas verduras, legumes, grãos e sementes, passando pela preparação dos grãos e condimentos necessários, até o cozimento, assamento dos pães e bolos e com isso, chegando ao preparo dos pratos.

No jantar, geralmente eram servidos carnes, vegetais, vinhos, grãos e manteiga. Essa refeição era considerada pelos judeus como sendo a mais importante do dia, sendo um momento sagrado para se agradecer a Deus pelo alimento e por suas provisões para a família. Além de agradecimento, o jantar era momento de comunhão entre os membros da família e, para compartilhar as experiências do dia a dia.

A partir desse hábito cultural do povo de Israel podemos refletir um pouco sobre os hábitos da família contemporânea no contexto sociocultural brasileiro. Vemos como é importante pensarmos em uma agenda de refeições para que os membros da família se encontrem e compartilhem como foi o seu dia, além de fortalecerem sua fé juntos, através do agradecimento coletivo pelo alimento e pela providência divina.

Sobre a prática das refeições diárias, vemos que Jesus, em seu ministério terreno, deu profundo destaque demonstrando a sua humanidade e forma de poder estar junto aos que gostaria de alcançar com os seus ensinamentos e princípios. Para ensinar sobre a importância de agradecer ao Pai pela provisão do alimentos, Jesus dá o exemplo e ora sempre em suas refeições (Lc. 24.30; Jo. 6.11).

Geralmente, as refeições eram servidas em utensílios e pratos de barro e de madeira, sendo os pratos servidos em porções individuais e todos tinham o hábito de sentar no chão sobre uma faixa feita de couro. Como não se utilizavam talheres, era comum a utilização das mãos para comer, levando o alimento à boca. Por essa razão, a necessidade de se lavar as mãos antes das refeições era contundente entre os judeus. É importante destacar que as condições de higiene coletiva nos tempos do Antigo e Novo Testamento não eram as melhores, além de que o clima da região favorecia o processo de contaminação dos alimentos, através do contato.

Por fim, podemos destacar a importância cultural das refeições em Israel. Vemos que tanto no Antigo quanto no Novo Testamento, o ato da refeição era visto com um momento de comunhão, como já destacamos, mas também diz respeito ao comprometimento com a pessoa que é convidada para fazer a refeição. Esse significado pode ser percebido na comparação ao fariseu, quando fez uma refeição com um grupo deles (cf. Lc. 14 e 19).

1.3. Alimentos típicos e o tipo de dieta saudável em Israel

Como já falamos anteriormente, a dieta alimentar do povo de Israel era baseada em elementos produzidos por eles mesmos, sendo muito comum o uso de proteínas animal, sementes, grãos e derivados do leite.

Vemos em toda a narrativa bíblica a referência a esses alimentos. Passaremos a destacar os mais comuns, presentes na dieta cotidiana de Israel.

a) **Pão** – era considerado como item fundamental da dieta diária, tanto de pobres quanto de ricos, sendo normalmente fermentado, com exceção dos pães utilizados no templo para os rituais religiosos, chamados de pães da proposição (Êx. 25.30). Comumente, eram de forma arredondada e assados diretamente sobre pedras previamente aquecidas ou brasas. Como fazia parte do cotidiano do povo de Israel, o termo também foi empregado, em toda a Escritura, como sendo uma referência ao alimento espiritual essencial para todo servo de Jesus Cristo (cf. Mt. 6.11), sendo usado por Ele mesmo, para referir-se à sua missão e ministério terreno (Jo. 6.51).

b) **Frutas e vegetais** – Como o povo de Israel era um povo de cultura campesina, o uso de frutas em sua alimentação era muito comum. As frutas mais presentes eram: uva, figo, melão e maçã. No caso da uva, eram degustadas nas refeições da manhã e no período dos jantares. Também era usada para a fermentação e composição de vinhos, bebida muito comum em Israel (I Cr. 12.40). No caso do figo, não era um fruto muito mencionado na Bíblia, mas presente na alimentação, usado tanto frescos quanto secos (I Sm. 25.18). Temos a referência aos figos em Gênesis, quando Adão e Eva, depois da queda, tiveram seus corpos cobertos (Gn. 3.7). Além disso, temos referência à figueira, que foi amaldiçoada por Jesus à beira do caminho: *"Encontrando uma figueira à beira do caminho, foi ver se havia figos, mas só encontrou folhas. Então, disse à figueira: "Nunca mais dê frutos!". E, no mesmo instante, a figueira secou."* (Mt. 21.19). No caso da maçã, foi citada pelo sábio Salomão, nos livros de Cantares e Provérbios, como figura de linguagem e, em relação aos melões, temos referência quando o povo de Israel estava em situação de murmuração, destacando a saudade que sentiam dos tempos que passaram no Egito (Nm. 11.5). Sobre os vegetais, encontramos referências sobre o seu uso no cotidiano alimentar, mas também eram usados como figura de linguagem para situações de tristeza e de alegria entre os judeus. Os vegetais mais comuns eram a fava, lentilhas, pepino, alho, cebola e ervas amargas. A fava e as lentilhas eram usadas para fazer ensopados e caldos que eram consumidos durante o jantar, e podiam ser tomados com a adição de pão (Ez. 4.9). O pepino, alho e cebola eram usados em situações que tinham como proposito rememorar situações "boas" para o povo de Israel, como, por exemplo, a saída do povo do Egito. As ervas amargas eram usadas para rememorar momentos tristes e de sofrimento para o povo, como por exemplo, quando o povo foi escravo no Egito.

c) **Proteínas animais** – as proteínas mais utilizadas entre os israelitas eram a carne de peixes e o queijo. Havia muita restrição alimentar acerca do consumo de carnes vermelhas, por essa razão uma aproximação maior para as carnes brancas. A presença de muitos pescadores fazia também com que o consumo de peixes se tornasse muito comum em Israel. No Novo Testamento, vemos que o consumo de peixes era comum nas camadas mais pobres, possibilitando o fácil acesso a esse tipo de proteína, associada ao consumo, também muito comum, do pão. Em relação ao uso de carnes vermelhas, temos a interdição sobre o consumo de carne de porco. Na lei mosaica era expressado com muito rigor, a proibição de seu consumo. Acredita-se que essa proibição dava-se pelo falo desse tipo de carne ocasionar a contaminação com doenças graves. No entanto, sabemos que hoje em dia, a carne de porco é consumida entre os países europeus com muita naturalidade e, também, em nosso país. Mas, em algumas regiões, ainda existe receio com o consumo da carne de porco, por questões de cunho cultural relacionadas à forte tradição judaico-cristã na formação dos povos nessas regiões, como é o caso do Nordeste e Norte. Outra carne vermelha utilizada entre os israelitas era a carne do cabrito, muito comum o seu preparo para festas e grandes eventos de celebração, fato esse exemplificado na menção do pai que recebe o filho pródigo (cf. Lc. 15).

d) **Vinho e azeite** – Como destacamos anteriormente, o vinho fazia parte da cultura alimentar dos judeus e, até os dias atuais, tem um forte impacto. Desde o início da narrativa bíblica encontramos referência ao vinho, vemos isso no caso de Noé que cultiva o fruto da vinha (Gn. 9.20). Tornando-se muito comum em festas, celebrações, no dia a dia nas casas e também como remédio. O vinho era produzido através da fermentação do suco da uva que era colocado em toneis. Para se obter o suco, as uvas eram pisadas em um lagar e, através de um processo de filtragem, eram colocadas em tanques que eram reservados para que houvesse o envelhecimento e fermentação (Is. 63.3; Jr. 25.30; Mt. 9.17). No caso do azeite, resultado do tratamento da azeitonas, era comum encontrá-lo na casa dos israelitas, utilizado para o preparo de pratos específicos e comido junto com legumes e carnes. Era utilizado para o preparo de comidas, para tratamentos específicos, em rituais religiosos e como combustível para queima em lâmpadas. Para o uso medicinal, era empregado para a cura de ferimentos (Lc. 10.34). No caso dos rituais religiosos, era usado no tabernáculo para ungir os elementos e na iluminação do lugar (Êx. 27.20; 29).

Dessa forma, identificamos como os judeus possuíam uma prática alimentar pautada na busca pela qualidade de vida e manutenção de um padrão saudável para o desempenho de suas atividades cotidianas e de suas ações religiosas. Um fato que se destaca na qualidade de vida do povo de Israel nos tempos bíblicos é a forma como a dieta alimentar estava relacionada a todo um significado para expressão de profunda alegria, em meio a festejos e grandes celebrações, ou de profunda tristeza, quando se rememorava o tempo de escravidão no Egito, comendo ervas amargas.

Aprendemos que devemos ter permanente gratidão pela provisão divina para o alimento que temos todos os dias, pois, tudo o que temos, vem de Deus e é mantido por sua graça ministrada a nós.

Questão para reflexão:

Ao entendermos que a alimentação serve para a nossa manutenção, bem como, prova da ação de Deus em nos proteger, temos que pensar nela como sendo algo sagrado. Assim, como a postura do povo de Israel diante da alimentação, como algo que celebra a Deus e exalta o seu cuidado com cada um de nós, pode nos ajudar a ter uma postura diferente diante do consumo e a preocupação como nosso corpo, na ingestão de alimentos mais saudáveis?

CAPÍTULO 2

Formas de higienização do corpo

No capítulo anterior, discutimos os principais parâmetros apresentados pela legislação judaica acerca da alimentação e de uma vida que agrada a Deus, a partir das proibições feitas, em relação a determinados alimentos.

Dessa forma, passamos a compreender como o nosso Deus se preocupa com coisas de nosso cotidiano, demonstrando a sua relação extremamente pessoal com o seu povo. Vemos, além disso, a forma com Deus, ao se preocupar com a alimentação de seu povo, estabelece formas simples, que todos devem seguir para a manutenção de um estado de bem estar e de saúde individual e coletiva.

Vimos, ainda, como os alimentos e o comer possuem um significado cultural muito forte, a partir de seus usos em celebrações, festas diversas e rituais religiosos. Esse princípio do uso dos alimentos nos remete a um pensamento do Novo Testamento: *"Portanto, quer comais quer bebais, ou façais outra qualquer coisa, fazei tudo para glória de Deus."* (1 Co. 10.31). Devemos fazer uso dos alimentos para a glória de Deus. Mas o cuidado do corpo dever ser realizado para a glória de Deus, através da higienização.

Nesse capítulo, compreenderemos sobre quais são os princípios e parâmetros estabelecidos por Deus para que possamos cuidar do nosso corpo, através da higienização. Qual era o significado dos banhos em rituais religiosos e no cotidiano do povo de Israel? Quais os principais cuidados que temos que ter para manter limpos os cabelos de homens e mulheres e a barba dos homens em uma região seca e com muita poeira e sujeira?

Assim, destacaremos as seguintes temáticas: primeiro, compreenderemos como a Bíblia trata das questões da limpeza e da higiene em geral, em seguida, discutiremos os principais cuidados com a higiene do corpo, acompanhado pelas principais formas de higiene dos cabelos e da barba e concluiremos o capítulo com a compreensão sobre o uso dos cosméticos e dos perfumes nesse processo de higienização e cuidados corporais.

2. 1. A visão bíblica sobre a higiene

Em nossa sociedade, identificamos a existência de muitos instrumentos que nos auxiliam na manutenção da higiene de nosso corpo. Temos: shampoos, sabonetes, duchas elétricas, sais de banho e perfumes variados. Vemos, também, a existência de meios estruturais que possibilitam isso, como água encanada e saneamento básico. Porém, nos tempos bíblicos, essas vantagens não existiam e vemos um processo de adequação ao ambiente climático e geográfico da região da Palestina nos tempos bíblicos.

Na narrativa bíblica, encontramos uma construção essencial para compreender o que significava para os judeus a questão da higiene e do cuidado com o corpo. Identificamos os mesmos princípios encontrados na relação com os alimentos: os cuidados com o corpo e com a higiene estão ligados a uma lógica religiosa. Ser ou estar limpo sempre estava relacionado à dimensão espiritual, destacando um bom ou mal relacionamento com Deus. Por isso que, em determinados rituais, era necessário que se apresentasse a Deus com roupa e corpos limpos e, também, com barba e cabelos cortados e limpos.

O padrão de limpeza dos judeus estava diretamente ligado ao que Deus esperava de seu povo: um povo sempre limpo, com vestes brancas como a neve, figura de linguagem muito utilizada no Novo Testamento para referir-se à pureza da alma dos indivíduos que se relacionavam com Deus.

Na Lei de Moises, vemos que a preocupação com a higienização do corpo era pré-requisito para poder se apresentar a Deus. Os sacerdotes precisavam submeter-se a um ritual de purificação, todas as vezes que ofereceriam sacrifícios em prol do povo (Lv. 11-15; Dt. 23).

Nesses princípios, vemos a vontade de Deus para a realização de sacrifícios para Ele. Era necessário que o sacerdote se submetesse a tal ritual para que pudesse ser considerado apto para comparecer a presença de Deus e, com isso, pudesse interceder pelo povo e rogar por misericórdia a Deus. Caso ele fosse percebido com alguma impureza, por menor que fosse, seria fulminado na presença de Deus. Nisso vemos a grande preocupação com Deus som a forma como era adorado.

Deus se preocupava com a impureza espiritual, por isso, o salmista interrogou: *"Quem subirá ao monte do Senhor, ou quem estará no seu lugar santo? Aquele que é limpo de mãos e puro de coração, que não entrega a sua alma à vaidade, nem jura enganosamente.* (Sl. 24.3, 4).

Mas, não era apenas na dimensão religiosa-espiritual que os judeus valorizavam a higiene do corpo. Levavam a ideia de corpo e veste limpa no cotidiano e na relação com Deus. O ambiente doméstico era marcado por uma preocupação com a limpeza. Como não existia saneamento básico, passaram a pensar formas de descartar as fezes, consideradas imundas, criando uma maneira de não contaminar área em que viviam. Assim era necessário que fossem depositadas fora do arraial do povo todos os detritos sólidos para não contaminasse as pessoas ou os alimentos (Dt. 23.12). Sendo observado pelos rabinos o direcionamento do vento para que as famílias e demais habitantes não fossem incomodados com a proliferação de odores.

2. 2. A higiene do corpo

O clima quente e seco da Palestina dos tempos bíblicos favorecia o hábito de se tomar banhos frequentes. A temperatura elevada e o clima traziam uma quantidade enorme de poeira, fazendo com que as pessoas buscassem se banhar. Nas tradições rabínicas, encontravam-se princípios que exaltavam o hábito de tomar banho. Para alguns rabinos, tomar banho estava relacionado com uma prática de cuidado com o corpo que exaltava a Deus e que fazia reconhecer que somos realmente a imagem e semelhança dele. Eles defendiam que pelo fato de sermos a imagem e semelhança de Deus, deveríamos ter todo cuidado com o nosso corpo e isso também era expressado no ato de tomar banho.

Banhar-se era considerado pelos judeus como algo tão sério que se relacionava com a lógica de sua relação com Deus, por isso que a Lei mosaica previa momentos específicos em que as pessoas deveriam banhar-se (ou se lavar, como em algumas traduções). Isso pode ser encontrado em Êx. 29.4; 30.17-21; Lv. 8.6; 11.24-25, 28, 32, 40; 16.4.

Diferentemente de nossa cultura, em que os banheiros são o espaço especifico para o banho, o povo de Israel possuía o hábito de tomar banho em lugares determinados para tal, as referidas casas de banho, espaço muito comum nas sociedades da antiguidade. A existência de muitos desses espaços reafirma a ideia de que o banho era uma prática comum entre os antigos judeus. Em várias dessas casas de banho, existiam elementos sofisticados para a época, como por exemplo, banhos a vapor, água aquecida e pessoas especializadas para fazer massagens nos frequentadores.

Uma prática muito comum entre os judeus era a de lavar os pés dos que chegavam em sua casa. Como seguia a tradição, era de responsabilidade do dono cada oferecer ao que chegava, água para que pudesse lavar os pés, que era feito por algum dos servos do dono da casa ou por outra pessoa com menor importância. Esse ato representava, para o visitante, que era bem vindo naquele lugar, além de favorecer-lhe um momento relaxante, depois de uma viagem longa e cansativa pelas ruas empoeiradas de Israel. Foi através desse ato, que Jesus ensinou aos discípulos a edificante e nobre tarefa de servir ao próximo (Jo. 13).

2. 3. Os cuidados com a barba e cabelos

Os cabelos e a barba eram duas regiões que necessitavam de muita atenção por estarem sempre expostos e, mesmo cobertas por faixas, eram alcançados com a poeira tão comum no contexto desértico e seco da Palestina dos tempos bíblicos.

Ter os cabelos e a barba arrumados possuía um significado social muito marcante para os homens no cuidado da barba e cabelo e, com as mulheres, no cuidado com os cabelos. Esse cuidado demonstrava honra e responsabilidade para o que o vissem.

No Antigo Testamento, pessoas que tinham os cabelos descuidados ou raspavam sem ter algum voto a cumprir, ou até mesmo, o ato de arrancá-los, tinha conotação de desrespeito ou desespero (Ed. 9.3). Já os cabelos brancos demonstravam sabedoria, experiência e maturidade, por isso, eram muito respeitados (Pv. 20.29).

No Novo Testamento, identificamos algumas recomendações que os apóstolos Pedro e Paulo deram aos membros das igrejas. Pedro falou para as mulheres terem cuidado com os adereços que ostentavam no cabelo (I Pe. 3.3), pois era comum que as mulheres da igreja utilizassem tranças com muitos adereços de ouro, para ostentar aos outros sua condição social e financeira. Paulo aconselhou o uso do véu, pelas mulheres em Corinto, pois havia alto índice de prostituição naquela cidade, para que pudessem distinguir-se das demais mulheres, recomendando que não cortassem os cabelos pois, na cultura de Corinto, apenas as prostitutas cultuais tinham cabelos curtos. Então, para que não houvesse escândalo na Igreja, era necessário que as mulheres mantivessem os cabelos longos, com o uso do véu. Essa prática cultural referia-se apenas ao contexto da igreja de Corinto e, o que se aplica a nós, da Igreja contemporânea, é o princípio de que devemos usar elementos, tais como enfeites ou roupas, sem a intenção de causar ostentação social e econômica, antes, as mulheres e homens devem vestir-se e adornar-se de forma que glorifiquem a Deus.

Outra região do corpo muito exposta e que necessitava de cuidado especial era a barba. O uso de barba era muito comum entre os homens de Israel, desde os tempos mais antigos, como destaca o salmista, ao fazer referência à "barba de Arão" (Sl. 133). Em outra ocorrência do Antigo Testamento, vemos como o uso da barba estava ligada à honra do homem judeu: *"Então tomou Hanum os servos de Davi, e lhes raspou metade da barba, e lhes cortou metade das vestes, até às nádegas, e os despediu."* (II Sm. 10.4). Além disso, o não cuidar da barba poderia significar infelicidade (II Sm. 19.24), ou uma situação de luto (Jr. 41.5).

2. 4. Uso de cosméticos e perfumes

Muitas sociedades antigas faziam uso de cosméticos com finalidade estéticas e para a proteção da pele. Devido ao clima seco e condições constantes de tempestades de areia, era muito comum, homens e mulheres usavam um tipo de óleo sobre a pele para evitar ressecamento ou que a pele ficasse ferida.

No caso dos perfumes vemos que o texto do Antigo Testamento destaca uma forte aparato cultural em que a perfumaria era comum. As fragrâncias das mais diversas eram destacadas nas passagens bíblicas, tanto para retratar situações de festejo, velórios ou de demonstração de afetos ao presentear pessoas. No livro de Êxodo, percebemos que os perfumes eram utilizados no tabernáculo para proporcionar um ambiente agradável para a prestação de adoração e culto ao Senhor. Eram usados incensos como parte dos rituais religiosos, mas também óleos para a unção.

> *"E o azeite da unção, e o incenso aromático para o santuário; farão conforme a tudo que te tenho mandado." (Éx. 31.11); "E o altar do incenso e os seus varais, e o azeite da unção, e o incenso aromático, e a cortina da porta para a entrada do tabernáculo" (Éx. 35.15). "Também fez o azeite santo da unção, e o incenso aromático, puro, qual obra do perfumista. (Éx. 37.29).*

Veja que nos textos em destaque encontramos a preocupação divina na condução dos tipos de óleos e especiarias aromáticas que deveriam ser utilizados no tabernáculo.

No livro de Cantares, vemos como o tratamento entre os apaixonados eram comparados dos tipos de perfumes (Ct. 1.3; 4.10). Já em Provérbios, identificamos que o sábio fez uma alerta para os jovens em relação à mulher adúltera, que utilizava-se das artimanhas e potencial sedutor dos perfumes para enganar os jovens imprudentes.

No caso do Novo Testamento, encontramos personagens bíblicos que passam a utilizar certos perfumes para a manifestação da adoração a Cristo, como sinal de profunda devoção e fé no Mestre. Um desses personagens é Maria, irmã de Marta, que derrama aos pés de Jesus um perfume de valor exorbitante, como meio de expressão da sua fé no Cristo.

Dentre os perfumes mais conhecidos nos tempos de Jesus, podemos citar o Nardo, essência originaria da Índia, com valor muito alto. A cassia, tem fragrância que lembra a cânfora, a mirra e o bálsamo. Também era comum extrair de plantas a fragrância para usar como perfume, como nos casos do lírio e do jasmim.

O uso de perfumes era tão comum em Israel que, na preparação dos corpos para o sepultamento, eram utilizadas especiarias aromáticas para livrar o corpo de odores da putrefação. Esse foi o caso de Jesus, mulheres saíram, logo cedo, em direção ao sepulcro, para preparar o Seu corpo. O texto sagrado registra que elas, ao chegarem ao túmulo, não o encontraram: *"E no primeiro dia da semana, muito de madrugada, foram elas ao sepulcro, levando as especiarias que tinham preparado, e algumas outras com elas"* (Lc. 24.1).

Quanto ao uso de cosméticos, identificamos que, nas culturas da antiguidade, como no Egito, por exemplo, usava-se pigmentação para colorir o rosto e para acentuar as linhas de expressão da face e dos olhos. Era comum que as mulheres usassem mistura feita de uma substância escura, com azeite ou vinagre que elas utilizavam para pintar os pés, as mãos e o rosto. Há registros que nos levam a acreditar que as mulheres de Israel usavam algum tipo de pintura como forma estética (Jr. 4.30; Ez. 23.40).

Questão para reflexão

Compreendendo os princípios bíblicos sobre a higiene com o corpo, podemos entender que cuidar dele pode ser uma forma de desenvolver a espiritualidade? Será que, vivendo de forma saudável e valorizando hábitos de higiene, podemos glorificar a Deus? Pense em atitudes que possam lhe levar a aprimorar essa espiritualidade e, assim, conduzir outras pessoas da sua comunidade às mesmas práticas.

CAPÍTULO 3

Padrões culturais e formas de se vestir

Anteriormente, estudamos os princípios e parâmetros estabelecidos por Deus para que possamos cuidar do nosso corpo, através da higienização. Vimos como nosso cuidado com o corpo pode favorecer bem estar e uma vida saudável, como também glorificar a Deus com nossa atitude. Vimos, ainda, como Deus valoriza essa postura de cuidado com o corpo e com a higiene.

Nesse capítulo, iremos nos dedicar a compreender como o uso de vestimentas tem um significado especifico, tanto para a proteção quanto para transmitir um significado cultural do que fazemos. Mas, por que precisamos nos preocupar com a roupa que vestimos? Será que Deus realmente estabeleceu princípios específicos para a escolha e uso de roupas? Será que Deus se preocupa de verdade com a roupa que vestimos? Como o povo de Israel estabelecia o seu contato com relação ao tipo de roupa que eles usavam? Muitas questões que podem nos ajudar a pensar em uma coisa que, às vezes, achamos que não tem muita importância. Mas, para Deus preocupar-se com o tipo de roupa que usamos, tem muito a ver com o tipo de percepção que temos do mundo moral que nos rodeia e, como isso pode nos ajudar a proclamar o Evangelho de Cristo em nós e, através de nós.

Para alcançarmos esse objetivo será necessário dividirmos esse capítulo nas seguintes partes: Primeiro, iremos nos deter a compreender a concepção bíblica acerca do que significa vestir-se. Entender o que está por trás do uso de um tipo de roupa. Em seguida, nos preocuparemos com os tipos de tecido e sua importância para a elaboração social e cultural das roupas, destacando a função social ou religiosa.

Em terceiro lugar, nos deteremos a perceber as partes que compõe a roupa dentro da cultura judaica e quais são os seus principais significados e acessórios. Por fim, iremos identificar e compreender o significado da roupa dos sacerdotes.

3. 1. Formas de se vestir e a Bíblia

Logo após a queda do homem e da mulher, a primeira providência de Deus foi criar roupas para que o casal passasse a usar (Gn. 3.7). Você já parou para pensar o porquê de Deus estabelecer-lhes vestimentas, para que cobrissem o corpo? Vemos, a partir do texto de Gênesis, que Deus não nos dá uma explicação muito clara sobre isso, mas estabelece que seus corpos sejam cobertos. Podemos compreender que essa determinação divina veio através do fato de que, agora, no pecado, o homem e a mulher passam a ter um olhar e pensar contaminados com a maldade e com o senso de bem e de mal, possibilitando a realização de vários problemas, inclusive a prática de algum tipo de violência sexual por conta da exposição do corpo ou, simplesmente, pelo simples fato de que estar sem ela poderia promover a defraudação do outro.

Durante a narrativa do Antigo Testamento, podemos ver que as roupas assumem significados distintos a depender de quem esteja usando ou frente à situação que esteja sendo vivenciada. No caso de José, assumiu a ideia de status social (Gn. 37.3). Pode, também, significar uma condição emocional, como no caso de Mardoqueu (Et. 4.1), ou ainda, ser instrumento para fortalecer a missão ministerial de um grupo de indivíduos como é o caso dos sacerdotes (Êx. 38). A roupa pode ser utilizada como instrumentos para transparecer as intenções de um indivíduo, como no caso da mulher adúltera (Pv. 7.10).

A Lei Mosaica determinava que fossem aplicados ao uso das roupas critérios específicos para disciplinar a todos no uso coerente e agradável a Deus. No caso dos homens, deveriam usar roupas distintas das que eram consideradas femininas (Dt. 22.5). É interessante destacar o fato de que a Bíblia traz muito mais informações sobre as roupas sacerdotais e de todos os que ministravam no templo, como os levitas, sacerdotes e sumo-sacerdotes. Descreveremos esses casos um pouco mais adiante.

No Novo Testamento, vemos que não há uma referência normativa direta quanto ao estilo de roupas que se deve usar, como no Antigo Testamento. Percebemos que em vários locais das cartas apostólicas de Paulo e Pedro, identificamos princípios e direcionamentos sobre como deveria ser a conduta do cristão. No caso das roupas das mulheres é recomendado: *"quero que as mulheres tenham discrição em sua aparência. Que usem roupas decentes e apropriadas, sem chamar a atenção pela maneira como arrumam o cabelo ou por usarem ouro, pérolas ou roupas caras."* (1 Tm. 2.9). Nesse texto vemos que a maior honra de um servo ou seva de Deus não está no enfeite que carrega ao corpo, mas sim o caráter que desempenha em seu dia a dia.

O Novo Testamento traz em seu contexto considerações sobre o uso das roupas a partir de significados que se ligam a um momento futuro da Igreja. Ao descrever o futuro escatológico da Igreja, o apóstolo João traz, no livro do Apocalipse, percepções de nossas vestes na habitação eterna (Ap. 3.5; 7.13).

Essas reflexões bíblicas sobre o uso de roupas nos mostram que Deus tem se preocupado com o uso delas, desde a origem da vida humana, sempre com o propósito de que, ao usá-las, possamos ser mais moderados, sinceros e transparentes em tudo o que fizermos. Não devemos usar de um falso moralismo, procurando cobrir o corpo e descobrir o coração. Temos que ter mãos e vestes limpas diante do Senhor aqui na Terra.

3. 2. Tipos de tecido

Dentro da cultura judaica, a produção de vestimentas era realizada de forma artesanal e, por isso, possuía uma riqueza de detalhes em seu acabamento. Até os dias atuais, encontramos esses elementos como características dos tipos de roupas típicas em Israel.

Geralmente, os tecidos eram feitos a partir de matéria prima animal, tais como: as peles, a lã e a seda, além de fibra vegetal, como o linho e o algodão. No caso das peles, era necessário que fossem curtidas fora da cidade, devido ao forte odor que era produzido pelas substâncias em contato com a pele.

A lã era um dos materiais mais antigos que eram utilizados para a produção de tecidos. Para que fosse produzido era necessário a utilização da máquina de fiar, a tradicional roca, como vemos registrado em Êx. 35.25-26 e Pv. 31.19.

Os fios eram transformados em tecido através do processo de tear. Nesse processo os fios eram intercalados com o propósito de compor a trama especifica que daria forma e beleza ao tecido. Durante todo o período de elaboração do Tabernáculo, vemos a presença dessa técnica para a composição dos tecidos e tapetes que decoravam os espaços sagrados.

Por sua vez, a seda era um tecido de origem animal que não tinha um valor de comércio em Israel, até o período da dominação Grega, em 323 a. C. O linho era um tecido que poderia ser mais grosseiro ou fino e por isso atendia as camadas mais baixas, como também os judeus mais ricos de Israel. Era muito comum os ricos de Israel utilizarem do linho mais fino para evidenciar o seu status social em relação aos outros (Lc. 16.19). Devido à sua beleza e versatilidade foi utilizado para a ornamentação do Tabernáculo e para as roupas dos sacerdotes (Êx. 28.6,15,39).

O linho mais grosseiro era utilizado para a fabricação de roupas para as pessoas mais pobres, destacando o uso do mesmo tecido para a demarcação social de mais ricos (linho fino) dos mais pobres (linho grosseiro). Além disso, ele também era utilizado para a fabricação de roupas para o uso no trabalho e para a proteção do frio.

A partir do relato de Êx. 26.1; 14; 35.25, podemos afirmar que os judeus dominavam a técnica de tingir tecidos coloridos. Essa técnica foi aplicada para a decoração do Tabernáculo. A tinta usada para tingir os tecidos era removida do Mar Mediterrâneo e a cor mais empregada era a púrpura, identificada como uma cor nobre. Esse tipo de significado fazia com que os tecidos de cor púrpura ganhassem valorização em seu preço.

Outra técnica empregada nas roupas e tecidos era o bordado. Uma roupa ou tecido decorativo que possuísse um bordado ganharia maior valorização e beleza indiscutível. Essa técnica pode ser encontrada nos tecidos que montaram a decoração do Tabernáculo e nas roupas dos sacerdotes (Êx. 35.35; 38.23).

3. 3. Partes de uma roupa: acessórios e significados

As roupas utilizadas pelos judeus nos tempos bíblicos são bem diferentes das que utilizamos atualmente, assim como o significado que elas possuíam no contexto sociocultural dos tempos bíblicos. Porém, as roupas de homens e mulheres eram diferentes, assim como é hoje em dia. A seguir, compreenderemos as partes que compunham uma roupa e quais seus significados, tanto para homens, quanto para mulheres.

a) Roupas internas. Essas roupas eram usadas por baixo das roupas principais, demonstrando a ideia de que estar somente com elas significaria estar despido. Dessa forma, entendemos que para os judeus existia uma grande preocupação com o cobrir o corpo, pois, pelo contrário, seria vergonhoso social e religiosamente. Para regulamentar essa prática temos normas especificas que regiam os indivíduos (I Sm. 19.24; Is. 20.2-4).

b) Roupas externas. Eram as roupas que ficavam mais visíveis para ao povo. Além da roupa íntima, os judeus usavam a capa, que poderia ser chamada de túnica ou de vestimenta. Existiam diferentes túnicas para homens e mulheres, diferenciando suas formas de composição. A túnica poderia ser utilizada para destacar determinado prestigio social ou econômico, como no caso de José e sua túnica colorida (Gn. 37.3). Existia um significado cultural para o ato de "rasgar as vestes" ou "rasgar a túnica". Esse ato poderia significar desespero, humilhação, vergonha, arrependimento. No entanto, o uso da túnica trazia um significado religioso, pois ela poderia demonstrar maior índice de intimidade com Deus, como propunham os fariseus do tempo de Jesus. Eles colocavam franjas mais longas em suas túnicas para expressar maior amor ou apego as coisas de Deus e ao próprio Deus, destacando uma espiritualidade exibicionista para a sociedade.

c) O uso de acessórios. Os principais acessórios utilizados pelos israelitas eram:

* Cinto – faixa usada na cintura, podendo ser de tecido, couro ou corda. Possuía a finalidade de ajustar a roupa para dar aos homens ou mulheres maior agilidade para o desempenho de suas atividades. Além disso, o cinto tinha o propósito de dar aos indivíduos melhor arrumação para se apresentarem diante de outros, como sugere Pedro, em sua carta: *"Portanto,* **cingindo os lombos** *do vosso entendimento, sede sóbrios, e esperai inteiramente na graça que se vos ofereceu na revelação de Jesus Cristo"* (1 Pe. 1:13). Já um cinto frouxo pressupunha preguiça e desinteresse.

* Sandálias – Como falamos anteriormente, a região da Palestina dos tempos bíblicos era marcada por um clima seco e muito empoeirado. Assim, as sandálias, ou sapatos, eram fundamentais para a proteção dos pés nas grandes viagens que os indivíduos faziam. Geralmente, uma sandália era feita com solado de madeira ou couro e tiras, também de couro. As sandálias sempre eram removidas quando se chegava em casa ou quando se queria representar atitude de referência, tal como aconteceu com Moisés no deserto diante da aparição divina na sarça de fogo (Êx. 3.5). Como era comum serem removidas ao chegar em casa ou na casa de alguém, o dono da casa teria que oferecer água e um servo para que se lavassem os pés dos visitantes, sendo esse o exemplo de serviço que Jesus ensinou aos discípulos (Lc. 7.38), mas, tirar as sandálias também poderia significar luto (II Sm. 15.30; Is. 20.2-4;

Ez. 24.17, 23).

d) Roupas para ocasiões específicas. Eram usadas roupas para ocasiões específicas, como: Casamentos, para representar honra ou luto e para enfrentar o inverno.

*** Roupas para festas nupcias.** Como já falamos em capítulos anteriores, umas das festas que tinha grande importância era a do casamento. Por esse motivo, era necessária uma roupa específica para celebrar importante ocasião. As roupas de casamento também eram chamadas de "roupas festivas". Alem das roupas que carregavam detalhes em sua costura, tanto da noiva quanto do noivo, ambos usavam uma coroa para destacar a beleza e o significado da cerimônia (Ez. 16.12).

*** Cerimônia de Luto.** Essa ocasião poderia também ser denominada de "pano de saco", retratando a dor e a perda de um ente querido, sendo usado um tecido escuro, feito a partir do couro de cabra, que era coberto por cinzas, para reforçar o significado de tristeza e dor diante da perda (Gn. 37.34; Jó 16.15).

*** Manto de Honra.** Era comum que uma pessoa recebesse como uma homenagem ou uma honraria um manto que traria para ele prestigio e reconhecimento social.

*** Roupas de inverno.** Mesmo sendo uma região quente e úmida, a Palestina, no período do inverno, alcança temperaturas muito baixas. Por isso, a necessidade de se utilizar roupas apropriadas para esse clima. Elas poderiam ser de couro ou peles de animais. As pessoas pobres usavam couro de gado (Hb. 11.37) e as ricas usavam peles de animais que eram consideradas muito caras, por isso eram usadas para a distinção social.

3. 4. As roupas sacerdotais: significados e aplicações

As roupas usadas pelo sacerdote e sumo sacerdote da religião judaica eram especificas e traziam em si mesmas muito significado, sendo os detalhes definidos pelo próprio Deus e registrados na Lei Mosaica.

a) Roupas do Sacerdote. Eram compostas por calção, manto e mitra (um tipo de tiara). O calção era composto por linho puro e cobria da cintura até a altura dos joelhos do sacerdote. Ele tinha como função dar ao sacerdote liberdade e decência para poder desenvolver suas atividades dentro do Templo, sem comprometer a exposição de suas partes íntimas (Êx. 28.42-43). Já o manto, ou a sobrepeliz, também feita com puro linho, ficava presa à cintura por um cinto e era sem costuras (Êx. 28.4). E a mitra, ou turbante, também era feita de linho fino, como registra Êxodo 39.28: *"O turbante especial e os outros turbantes também*

b) Roupas do Sumo Sacerdote. Além das roupas que o sacerdote usava, o sumo sacerdote utilizava os seguinte itens: a estola, que possuía um estofado azul, púrpura e carmesim, feito todo em linho fino (Êx. 28.6). A sobrepeliz da estola, que era feita de um material mais simples e era tingido de azul, sem mangas. O peitoral, que possuía 12 pedras fixadas, uma bolsa que ficava presa à estola. E, por fim, uma mitra, que costumava ficar em formato de turbante, feito de tecido de linho fino com uma placa de ouro afixada.

As roupas sacerdotais possuíam uma preocupação muito intensa com a limpeza, que se ligava à santidade, e com a não exposição do corpo, durante todos os rituais no tabernáculo e, depois, no Templo. Os sacerdotes não utilizavam sandálias nos pés durante a ministração no santuário, com o significado de reverência à santidade de Deus.

3. 5. Principais acessórios decorativos.

A utilização de objetos para enfeitar o corpo é muito comum entre os povos da região da Palestina e Oriente Médio, até os dias de hoje. Nos tempos bíblicos, isso não era diferente. Dentre os itens utilizados para o embelezamento dos corpos, temos os seguintes:

a) Braceletes – possuíam uma significado de status e de poder para os que utilizavam. Existiam vários tipos e formatos. (II Sm. 1.10).

b) Correntes – eram utilizadas no pescoço e demonstravam a dignidade de uma pessoa.

c) Anéis –possuía um significado de autoridade e de prestigio social (Et. 3.10).

d) Brincos – um assessório feminino muito comum (Gn. 14.22).

e) Argolas – comumente usadas nos tornozelos.

f) Filactérios – eram pequenas caixas que ficavam presas à testa com fitas de couro ou no braço. O interior das caixinhas continha trechos da lei. Como os judeus não tinham e nem usavam qualquer tipo de amuleto, passaram a usar os filactérios. (Êx. 13.1-10; 13.11-16; Dt. 6.4-9; 11.13-21). Com o passar do tempo, os judeus passaram a usar esses filactérios como forma de fazer suas orações, meramente religiosas. Por essa razão, Jesus passou a criticar essa postura, condenando essa prática, como nos informa Mateus 23.5: *"Tudo que fazem é para se exibir. Usam nos braços filactérios mais largos que de costume e vestem mantos com franjas mais longas."*

Vimos que as roupas assumiram significados específicos, no contexto cultural e social da Israel dos tempos bíblicos, mas que nos ajudam a pensar algumas coisas. Primeiro: o uso da roupa, por parte dos judeus, tinha preocupação com o cuidado e higiene do corpo. Segundo: como sua cultura era ligada a uma explicação da vida, a partir do relacionamento com Deus, os israelitas preocupavam-se com a decência e com o decoro no uso das roupas, tanto homens quanto mulheres. Assim, como temos nos preocupado com o tipo de roupa que temos usado para manter o respeito a Deus em nosso corpo? Não para demonstrar uma santidade superficial, mas para destacar que somos santos internamente, e que nosso exterior é apenas consequência de nosso interior. Nossa roupa deve demonstrar a santidade que carregamos dentro de nós e, não o inverso.

CAPÍTULO 4

Cuidado do corpo e os tratamentos de doenças

No capítulo anterior, vimos como os israelitas preocupavam-se com o uso de roupas como forma de proteção do corpo e para a expressão de momentos de alegria e de dor. Vimos ainda como Deus se preocupou em estabelecer normas para a composição das roupas dos sacerdotes e das diferenças entre as roupas dos homens e das mulheres. Além de demonstrar preocupação com a decência e santidade na forma como devemos nos vestir.

Nesse capítulo, nos dedicaremos à reflexão sobre os cuidados com o corpo e as condições de doenças, através da proposta de tratamentos administrados. Veremos, ainda, quais eram as doenças mais comum entre os judeus e principais medidas tomadas para conter o seu avanço. Quais eram os significados religiosos que as doenças tinham no meio do povo? Como eram vistas doenças crônicas e congênitas, tais como lepra e cegueira?

Atualmente, vemos que existe muito acesso a tratamentos avançados que promovem alto bem estar as pessoas, mas nos tempos bíblicos isso não era tão comum. Não existiam instituições responsáveis pela saúde coletiva, mas, ao revisitar os textos bíblicos, podemos perceber como Deus preocupou-se com esses detalhes, estabelecendo normas para o cuidado e tratamento de doenças e, com isso, promovendo o bem estar e a saúde coletivos.

Dessa forma, propomos que a divisão desse capítulo siga da seguinte forma: primeiro, trataremos sobre a concepção bíblica acerca das doenças. Quais as principais proibições e cuidados para se evitar determinadas formas de doenças no meio do povo? Qual a relação estabelecida entre o pecado e a doença?

Em seguida, nos deteremos à reflexão acerca de quais são as doenças mais comuns entre os judeus, suas consequências entre as pessoas e a concepção sociocultural acerca delas. E por fim, nos focaremos em perceber como os médicos eram vistos na sociedade judaica, quem eram e como agiam, assim como os principais tratamentos e remédios administrados para o combate e manutenção do bem estar das pessoas acometida por diversos males.

4. 1. A visão bíblica sobre as doenças

Quando pensamos acerca do estado de doença dos seres humanos é importante voltarmos os olhos para o livro dos começos, o livro de Genesis, pois só assim poderemos entender como este estado de doença começou.

Após a queda espiritual da raça humana por causa do pecado, no jardim do Éden, vemos que a morte passa a fazer parte da realidade humana. Com a morte eterna, vêm as mortes espiritual e física, sendo esta última aquela que ocasiona ao ser humano a possibilidade de adoecer. Já que nosso corpo morre a cada dia que passa, ficamos vulneráveis às diversas doenças e, isso nos leva à situação de sofrimento e de dor, muitas das vezes. Assim, durante toda a história da humanidade vemos os homens buscando formas para combater o mal que vem sobre nossos corpos por causa da vulnerabilidade do ser humano, por conta do pecado.

Dessa forma, entre os judeus não era diferente. Eles sempre refletiam sobre a origem das doenças e como enfrentá-las. Mas sempre a associavam à degradação humana, vinda por conta do pecado. Por essa razão, era comum que as doenças fossem relacionadas a estados de pecados atuais ou anteriores ao indivíduo. No Evangelho de João vemos o seguinte debate: *"Seus discípulos perguntaram: "Rabi, por que este homem nasceu cego? Foi por causa de seus próprios pecados ou dos pecados de seus pais?"* (Jo. 9.2). Por meio de uma compreensão sociorreligiosa sobre a doença, vemos que toda a tradição do Antigo Testamento carregava essa concepção que se estende até os tempos de Jesus e que só será reconfigurada pelo próprio Cristo.

Sobre a concepção do Antigo Testamento acerca dessa temática, identificamos o seguinte: desde os tempos patriarcais, existe essa associação direta entre estados de doenças com espiritualidade do indivíduo adoecido e/ou seus ancestrais (Gn. 12.10-20). Fato esse que pode ser percebido no contexto da família de Davi, em que, ao referir-se à doença de seu filho, faz uma correlação direta ao pecado de adultério cometido entre ele e Bate-Seba (II Sm. 12.15).

Nesses casos, notamos como essa concepção socioreligiosa sobre as doenças era comum em Israel. Porém, vemos que existem interdições administradas pela Lei Mosaica, acerca de cuidados e condutas que se deve ter em relação as doenças.

A Lei apresentava interdições alimentares específicas como forma de evitar o surgimento de determinadas doenças, por exemplo, a não ingestão de carne de determinados animais considerados impuros (Lv 11). Além disso, temos a necessidade de enterrar os próprios excrementos para evitar a proliferação de doenças (Dt. 23.12,13) e ainda mais, o cuidado para com a purificação dos lugares e do corpo para que não houvesse a contaminação por doenças contagiosas ou pelo surgimento do mofo (Lv. 13.47; 14).

Além dos mais, a Lei propõe várias sugestões de cuidados específicos para com a prevenção de doenças e manutenção da saúde, tais como: o uso cuidadoso no consumo do vinho (Pv. 23.29-32) e na proibição de envolvimento com promiscuidades (Êx. 20.14). Nessas ações, vemos o cuidado divino com a saúde de seu povo para que todos pudessem ter uma vida mais saudável e com qualidade e bem estar.

Já no caso do Novo Testamento, vemos que Jesus passa a reconstruir a concepção desenvolvida pelas tradições judaicas antigas de um estado de saúde ou de doença, diretamente relacionado à uma condição de vida de pecado. É bem verdade, como afirmamos anteriormente, que o nosso estado de doença só é possível por conta da condenação que a raça humana teve através do pecado, mas não podemos relacionar diretamente a doença a uma condição permanente de pecado. Isso Jesus combateu em seus ensinos no Evangelho.

Jesus teve uma postura muito diferente com relação às pessoas doentes. Ele tratou os casos como situações que podem ser provocadas por condições naturais do ser humano, como por fatores espirituais externos, como por exemplo, a mulher curada por Jesus, atormentada pela ação de Satanás (Lc. 13.16).

O ministério terreno de Jesus foi marcado por muitas curas e milagres, isso fez com que o mestre fosse rodeado cotidianamente por pessoas enfermas. Ele dedicou tempo e esforços para aliviar a dor das pessoas em estado de doença (Mt. 8.16; Mc. 1.34; 6.13; Lc. 4.40). Vemos com isso que Jesus não negava o fato de que o pecado original trouxe problemas para a condição humana e consequências sobre o corpo, mas percebe que a doença não pode ser vista como sendo o resultado de uma vida de pecado ou de uma fraca devoção.

4. 2. Principais doenças enfrentadas nos tempos bíblicos

A narrativa bíblica traz a citação de muitas doenças e moléstias que causavam sofrimento às diversas pessoas nos tempos bíblicos. Na maioria das vezes não são citados nomes específicos para certas doenças, mas são enfatizados os seus sintomas, como febre, hemorragias, paralisias, erupções ou úlceras, dentre outras.

Dentre essas diversas doenças, encontradas nas narrativas bíblicas, existem duas que ganham destaque. São elas: a lepra e a cegueira. Elas são muito citadas em passagem de destaque no Antigo e no Novo Testamento. Não sabemos porquê o texto bíblico dá tanta ênfase a essas doenças, mas elas são associadas, muitas vezes, a condições espirituais dos indivíduos, tanto no Antigo quanto no Novo Testamento.

a) A lepra – era uma doença relacionada a problemas de pele, que causava muito temor nos tempos bíblicos, por ser de fácil contaminação e por trazer diversos problemas para o indivíduo contaminado. A lepra é uma das doenças mais citadas em toda a Bíblia, sendo possível encontrar referências a ela nos livros da Lei, nos livros Históricos e nos Evangelhos.

A Lei traz referências que possibilitam a prevenção e o tratamento da lepra. A pessoa contaminada pela lepra deveria ser apresentada ao sacerdote para que fosse constatada a veracidade da doença e, a partir daí, seria acompanhada para perceber como os sintomas seguiam se desenvolvendo, com possibilidade de cura ou não. O texto de Levítico nos informa: *"Se o sacerdote constatar que a erupção se espalhou, declarará a pessoa cerimonialmente impura, pois é, de fato, lepra.* (Lv. 13.8), ou seja, competia ao sacerdote não somente diagnosticar o indivíduo, mas prescrever um possível tratamento e sua condição de inapto para participar de cerimônias religiosas, pois era impuro.

Dentre as lepras citadas na Bíblia, temos o caso da lepra "branca", caracterizada pela perda da sensibilidade da pele e por manter nela manchas brancas. O outro tipo de lepra é a "nodular" sendo caracterizada pelo aparecimento de nódulos, deixando a corpo com várias deformações.

Esses dois casos de lepra traziam para a pessoa contaminada por um processo de exclusão social e de sofrimento. Era muito comum que as pessoas com lepra carregassem um sino para ser identificada com leprosa para que nenhum outro individuo a tocasse. Além disso, ela deveria gritar em bom som a sua situação de lepra para que não houvesse contato com outras pessoas (Lv. 13.45). Nesse caso vemos que a lepra trazia problemas não somente na ordem da saúde física do indivíduo, mas também na saúde social, por ser ela marginalizada e excluída da vida social.

No texto bíblico podemos citar três exemplos de casos de pessoas com lepra: o general Naamã (II Re. 5), os leprosos que levaram notícias para Samaria (II Re. 7.3-9) e o leproso que voltou para agradecer pela cura (Lc. 17.11-19).

b) A cegueira – era uma doença muito comum entre os judeus. Uma das explicações relaciona-se ao clima quente e seco que provocava a produção de muita poeira e resíduos que causavam ferimentos aos olhos que, com o tempo, poderia trazer a cegueira. Vemos assim, que existia um tipo de cegueira de nascença e, um tipo de cegueira que era adquirida pelas condições externas.

A Lei Mosaica previa punição de "maldição" para aquele que provocasse algum dano a uma pessoa cega por uso de má fé: *"Maldito quem fizer o cego se desviar de seu caminho"* (Dt. 27.18). No caso de Jesus, notamos o quanto dedicou tempo ao cuidado e cura de pessoas cegas (Mt. 9.35-38; Lc. 4.18,19).

Nesses dois casos, identificamos não somente a preocupação de Deus, através da Lei, de proteger as pessoas vulneráveis socialmente, mas propor um cuidado social para elas. Jesus, por sua vez, combateu toda a construção humana que promovia desvalorização social dessas pessoas. Ele dedicou tempo para estar com essas pessoas e para trazer-lhes alívio para suas moléstias. Ele realmente teve compaixão delas, pois viviam aflitas e em sofrimento físico e social por conta de suas doenças. O modelo de Jesus é o modelo que devemos seguir em nosso cotidiano e em nossas comunidades de fé.

4. 3. O papel dos médicos e os principais tratamentos e remédios.

Em Gênesis 50.2, temos a primeira ocorrência da atuação dos médicos na narrativa Bíblica. O texto nos diz: *"Em seguida, deu ordens aos médicos que o serviam para que embalsamassem o corpo de seu pai, e Jacó foi embalsamado"*, nessa ocasião vemos esses profissionais conduzindo um ritual de embalsamamento de um corpo.

Com essa citação, vemos como as condições de atuação dos médicos nos tempos bíblicos eram extremamente rudimentares, demonstrando que suas práticas se aproximavam mais de rituais místicos e supersticiosos do que aquilo que identificamos atualmente como ciência.

Nota-se, ainda, que não há ocorrência de um médico que recebeu destaque no Antigo Testamento, como no caso do médico Lucas, no Novo Testamento, identificado com a profissão (Cl. 4.14). No Novo Testamento, vemos que, às vezes, os médicos não alcançavam o objetivo na promoção da cura, como no caso da "mulher do fluxo de sangue". O texto do Evangelho destaca que ela tinha gastado tudo o que tinha com o serviço dos médicos, mas nenhuma solucionou o seu problema (Lc. 8.43).

Geralmente, os médicos costumavam utilizar métodos fora do que, atualmente, consideramos como habituais. Era muito comum a utilização de remédios derivados da natureza seja de fonte vegetal ou animal, tipo, plantas, ervas, raízes, minerais ou substancias de animais.

O vinho era um dos elementos naturais mais comuns na cultura judaica, além de ser de fácil acesso. Era utilizado para tratamentos de dores, quando misturado com a mirra, e nó de feridas, quando misturado a algum óleo, pois promovia a regeneração dos tecidos feridos (Lc. 10.34).

Outra substância natural utilizada era o mel, empregado no tratamento de doenças na garganta e feridas. O sal e o azeite eram muito comuns. No caso do sal, era aplicado como antisséptico e, o azeite, no tratamento de ferimentos ou para aliviar a dor.

Além dessas substâncias, eram praticados alguns rituais supersticiosos, como métodos de tratamento para doenças. Um desses tratamentos era feito a partir de sustos e da mistura de peles de animais ou, pelo uso de amuletos para buscar a cura dos indivíduos.

Por fim, vemos que era aplicado o uso de cirurgias pelos médicos como forma de promoção da saúde. É registrada a prática de cirurgias mais simples, como no caso da circuncisão, que era muito comum entre os judeus, pois representava a marca da aliança que tinham com Deus. Essa pequena cirurgia era realizada em um ritual religioso, com o propósito de remover a pele do prepúcio dos meninos, com oito dias de nascimento, data escolhida por conta do alto poder de cicatrização. Ela poderia ser feita com uma pequena lâmina de metal ou de pedra polida.

Em registros extrabíblicos, notamos que era comum a prática de cirurgias mais complexas, como cesarianas ou trepanação, procedimento realizado na região da cabeça. Além do mais, eram feitas adaptações ortopédicas para o uso de próteses.

Os dentistas utilizavam gengibre para o tratamento de dores de dentes, além de aplicarem, também, sal e fermento para combater as dores. Quando não era solucionado, aplicavam procedimentos para a extração dos dentes e construção de próteses dentárias, feitas de madeira, ouro ou prata.

Mesmo atuando no meio do povo, os médicos não poderiam atestar a cura de seus pacientes. Era necessário que depois do tratamento, os indivíduos se apresentassem ao sacerdotes para que, através deles, a cura fosse atestada e, assim, o doente considerado curado.

Questão para reflexão:

Vimos que nos tempos bíblicos existia toda uma estrutura criada a partir das determinações bíblicas expressas por Deus, mediante a Lei, que favorecia as pessoas que estavam em situação de doença. Além disso, vimos que Jesus tinha uma preocupação com a cura e o alivio da dor e sofrimento das pessoas doentes. Dessa forma, como temos pensado em maneiras de colaborar para aliviar a dor e o sofrimento dos que vivem ou enfrentam uma situação de doença, seja ela uma doença adquirida ou crônica? Será que temos tido compaixão das pessoas que sofrem com doenças ou temos apenas justificados o seu sofrimento por conta da prática do pecado?

CAPÍTULO 5

A morte e o morrer na cultura Judaica

Anteriormente, estudamos as principais problemáticas trazidas pelo pecado para o ser humano, através das doenças. Vimos como os judeus desenvolveram estratégias para enfrentá-las e promover o bem estar dos indivíduos acometidos com males e dores. Vimos que as principais doenças que existiam entre os judeus eram a lepra e a cegueira, que traziam problemas para a condição e reconhecimento social dos que sofriam com elas. Vimos que os médicos judeus utilizavam-se de técnicas muito rudimentares para aplicar tratamentos e medicamentos feitos a partir de fontes vegetais, animais e minerais.

Sobre a questão da doença, vimos sua direta ligação para com o estado de pecado que afeta toda a humanidade e que esta condição trouxe mais problemas além das doenças. Dentre as consequências, analisaremos a mais grave delas neste capítulo.

Aqui, estudaremos um pouco sobre o processo da morte e do morrer na sociedade judaica dos tempos bíblicos. Veremos como a visão bíblica sobre a morte trouxe uma concepção diferente para a vida e sociedade de então. Qual a visão sociocultural acerca da morte que os judeus tinham? Como eles se preparavam para enfrentar o processo de luto? Quais os principais rituais fúnebres?

Para isso, dividiremos nossos estudos em três partes. Na primeira, compreenderemos a principal visão que a Bíblia tem sobre a morte e o morrer. Na segunda, nos preocuparemos com os preparativos que os judeus tinham com os corpos mortos e seus significados. E por fim, dedicaremos tempo refletindo sobre os principais rituais fúnebres existentes entre os judeus dos tempos bíblicos.

5.1. A visão bíblica sobre a morte

A morte passou a fazer parte da vida humana a partir do momento que o pecado trouxe a separação entre o homem e Deus. Em Gênesis 3.19, 22 temos a primeira ocorrência sobre a morte no texto bíblico. Ele nos diz: *"... Pois você foi feito do pó, e ao pó voltará. Então, o Senhor Deus disse: Vejam, agora os seres humanos se tornaram semelhantes a nós, pois conhecem o bem e o mal. Se eles tomarem do fruto da árvore da vida e dele comerem, viverão para sempre"*. Nesse texto, vemos evidenciado como a raça humana passou a morrer, com a entrada do pecado a realidade humana.

Todas as principais mazelas sofridas pelo ser humano vieram através da entrada do pecado no mundo. Sua maior consequência foi demonstrada através da entrada da morte à realidade humana, levando o ser humano a sofrer as penas da morte espiritual, eterna e física. É sobre essa última que pretendemos focar neste capítulo.

Vemos, então, como a morte vai de encontro com o projeto de Deus para a humanidade. Quando Deus criou o homem e a mulher, Ele não os projetou para que morressem, por essa razão, a morte é, para todo o ser humano, independentemente de sua crença ou origem sociocultural, totalmente marcada por uma separação dolorosa. Por isso, até os dias atuais, vemos esforços incansáveis dos homens que lutam, através de métodos e tratamentos, para evitarem a morte e o envelhecimento, mas, o inevitável sempre vem: morreremos!

A morte é uma das características que mais aproximam seres humanos de sua realidade de humanidade. A finitude não é algo meramente irreal ou abstrata, mas refere-se a algo que, universalmente, coloca todos no mesmo pé de igualdade.

A condenação pela separação humana do divino, por conta do pecado, nos fez vivenciar sofrimentos dos mais diversos, por exemplo: as doenças e a limitação diante da morte do corpo. Por essa razão que os seres humanos, ao longo do tempo, têm criado estratégias para poder vencer essa limitação e sofrimento. Desde as sociedades mais antigas, identificamos tentativas de estabelecer a vida após a morte. Tanto judeus quanto cristãos contemporâneos carregam essa esperança, coisa que será manifestado em Jesus Cristo, após à Sua ressurreição.

No Antigo Testamento, vemos que o texto bíblico não traz muitas informações detalhadas acerca da morte ou da vida após ela. Podemos ver como o livro de Jó provoca reflexões sobre a morte e o morrer. Através de todo o seu sofrimento vivido, por padecer em seu corpo, por ter sido acometido de uma doença em sua pele, Jó passou a lamentar e a pensar acerca da morte e do morrer. Em algumas passagens, identificamos essa concepção do tempo dos patriarcas de Israel. Ele nos diz: *"Restam-me apenas alguns dias; por favor, deixa-me em paz, para que eu tenha um instante de alívio antes de partir para a terra de escuridão e densas sombras, para nunca mais voltar. É uma terra escura como a meia-noite, terra de profunda escuridão e desordem, onde até mesmo a luz é escura como a meia-noite"*. (Jó 10.20-22). Veja que na fala de desabafo de Jó, identificamos a ideia do morrer com a sensação de alivio, mas também podemos ver como o morrer está ligado a um lugar de profunda escuridão, além de um lugar de profunda separação e isolamento dos homens que vão para lá.

Em Salmos 94.17, vemos uma ideia parecida, em que o salmista destaca esse lugar após a morte como um lugar de profundo silêncio: *"'Se o Senhor não tivesse me ajudado, eu já estaria no silêncio do túmulo.'"*. Essa expressão não traz muita clareza, mas estabelece como podemos identificar esse lugar de pós-morte.

No Novo Testamento, vemos uma vasta possibilidade de opiniões sobre a morte. Os mestres fariseus carregavam a ideia da existência de uma lugar de profunda tranquilidade dada aos que fossem fiéis, denominado de "seio de Abraão", esse lugar pode ser considerado com sendo sinônimo de Paraíso para os judeus.

Em seus ensinamentos no Evangelho, Jesus deixa muito claro que aqueles temessem ao Pai e seguissem com devoção e fé as suas palavras não seriam condenados, mas teriam como garantia uma morada de paz e tranquilidade ao seu lado na "Casa do Pai". Essa ideia poderia ser notada em vários versos, tais como:

"Eu lhes dou a vida eterna, e elas nunca morrerão" (Jo. 10.28); *"Eu lhes digo a verdade: quem ouve minha mensagem e crê naquele que me enviou tem a vida eterna. Jamais será condenado, mas já passou da morte para a vida.* (Jo. 5.24); *"Aqueles que fizeram o bem ressuscitarão para terem vida eterna, e aqueles que continuaram a fazer o mal ressuscitarão para serem julgados."* (Jo. 5.29)

Durante os demais livros do Novo Testamento, vemos essa defesa acerca de uma proposta de vida eterna concedida aos fiéis em Cristo e de uma condenação para os que não se arrependessem de seus pecados, chegando ao clímax do Novo Testamento, o livro do Apocalipse, que registra a ressurreição e redenção eternas de todos os fiéis: *"Vi tronos, e os que estavam sentados neles haviam recebido autoridade para julgar. Vi também as almas daqueles que haviam sido decapitados por testemunharem a respeito de Jesus e por proclamarem a palavra de Deus. Não tinham adorado a besta nem sua estátua, nem aceitado sua marca na testa ou nas mãos. Eles ressuscitaram e reinaram com Cristo por mil anos."* (Ap. 20.4)

5. 2. Preparativos fúnebres

Na tradição judaica do Antigo Testamento, dois fatores colaboravam para que o corpo dos que morriam fossem tratados com muito cuidado. O primeiro fator se refere a não definição acerca de como seria o destino da alma pós-morte. Como existia essa indefinição o corpo era tratado com muita dedicação, pois acreditava-se que o indivíduo possuía sentimentos após a morte.

O outro fator relaciona-se ao fato de os judeus acreditarem ser o homem uma criação divina e por isso deveriam preocupar-se com a manutenção do corpo, pois possuia a dignidade divina, mesmo depois da morte.

Esse segundo fator nos ajuda a pensar como era a percepção dos judeus: o corpo humano merecia todos os cuidados necessários, pois carregava em si a dignidade divina, por essa razão não poderia ser desrespeitado ou profanado. A visão de que o corpo humano é sagrado. Então, nos compete ter um olhar diferenciado, não somente sobre os nossos corpos, mas, também, sobre os demais.

Esse cuidado com o corpo morto pode ser identificado em alguns trecho da narrativa bíblica, quando determinados tratamentos eram realizados não apenas como ritual, mas sim como expressão de respeito e sacralidade em relação ao corpo morto. Como exemplos podemos citar: cuidado de fechar os olhos do morto para dar aparência de que estava dormindo (Gn. 46.4), beijar a pessoa morta (Gn. 50.1) e, a preocupação em lavar e perfumar o corpo morto (At. 9.37).

Nos casos registrados no Novo Testamento podemos identificar outros costumes. Vemos que era muito comum os corpos serem envolvidos em um manto e o rosto coberto por um lenço, os pés eram unidos a faixas de linho, assim como as mãos (Jo. 11.44; 20.7).

Despois de ser totalmente preparado, o corpo era disponibilizado para ser velado pela família, num compartimento da casa, sendo este período, prolongado. Diferente de nossa cultura, os judeus passavam dias e, até mesmo, semanas velando seus mortos, pois acreditavam que esse período deveria corresponder à uma fase de transição e de desapego ao falecido, além de acreditarem que o indivíduo morto era merecedor de total respeito e dedicação na sua partida. O tempo do velório variava de acordo com o nível de importância e significado que a pessoa morta tinha no contexto social onde vivia.

Para que os corpos pudessem suportar esse período prolongado de velório, eram aplicadas técnicas de embalsamamento que, provavelmente, os judeus adquiriram ao longo do tempo em que foram nômades, aperfeiçoando o método no período em que passaram entre os egípcios. Podemos citar os casos de Jacó e de José que passaram em torno de 40 dias para serem sepultados.

5. 3. Rituais fúnebres e o sepultamento

Em toda narrativa bíblica, identificamos várias situações em que a notícia da morte de um ente querido era recebida com muita tristeza e dor. Essa expressão de sentimentos era evidenciada mediante atos que demonstravam tristeza, sofrimento e dor. Certas atitudes, meio que coreografadas, destacavam o fato de esta em profunda dor e tristeza. Atitudes como "rasgar as vestes" (Jó 1.20) e "vestir-se de pano de saco" (Gn. 37.34) eram as mais comuns, mas haviam outras, tais como: tirar as sandálias e o turbante, além de cobrir com um lenço o rosto (II Sm. 15.30; Ez. 24.17-23; Mq. 1.8). Como sinal de tristeza e humilhação o enlutado colocava terra sobre a cabeça ou sentava-se sobre cinzas (I Sm. 4.12).

Alguns personagens bíblicos passaram por situação de luto e seguiram o padrão de expectativa de comportamento demonstrado pela cultura. Como exemplo, podemos citar o caso de Davi que reage com muita dor e tristeza ao receber a notícia de que seu filho Absalão tinha morrido, o texto de 2 Samuel 19:1-4 registra:

> *Logo chegou a Joabe a notícia de que o rei chorava e lamentava a morte de Absalão. Quando o povo soube da grande tristeza do rei pela morte de seu filho, a alegria da vitória daquele dia se transformou em profundo pesar. Os soldados entraram na cidade sem chamar a atenção, como se estivessem envergonhados e houvessem fugido da batalha. O rei cobriu o rosto com as mãos e continuou a chorar: 'Ah, meu filho Absalão! Ah, Absalão, meu filho, meu filho!'".*

Essa cena descreve muito bem a reação de dor e tristeza enfrentada por Davi ao perder um de seus filhos. Além disso, vemos que num momento de luto e tristeza os homens lamentavam a morte do ente querido em cômodos diferentes, sendo separados das mulheres.

Além do mais, era muito comum a composição de músicas tristes que retratavam a dor vivenciada, até mesmo podemos entender essa atitude como sendo terapêutica para com o enlutado. O profeta Jeremias elaborou o seu poema fúnebre ao registrar suas "lamentações" provocadas pela morte do Rei Josias (II Cr. 35.25).

Através desses registros, notamos como o enlutamento dos judeus era evidenciado mediante expressões corporais de dor e sofrimento, mas era no cortejo fúnebre que o momento de tristeza era potencializado.

Depois que o corpo era enrolado em uma mortalha, era firmado em um tipo de estrutura de suporte para facilitar o transporte, denominado de padiola ou liteira. Não era comum vermos na tradição judaica a utilização de caixões, como em nossa cultura Ocidental, isso porque com o corpo à mostra, todos poderiam ver e lamentar a morte de mais um indivíduo falecido.

Era comum as mulheres se posicionarem à frente do cortejo fúnebre para lamentar e chorar a perda do morto. Esse costume foi desenvolvido sobre a crença de que as mulheres deveriam chorar a morte de alguém, pois foi através da mulher que o pecado passou a fazer parte da realidade humana, logo competia a elas, lamentarem, conduzirem ao túmulo o que foi alcançado pela consequência do pecado.

Existia um misto de sons em um cortejo fúnebre. Vemos o barulho dos sons da lamentação e choro misturado ao som melancólico e triste das flautas. Sendo todos esses ritos muito bem conduzidos pelos mestres da Lei em Israel, para que todos pudessem sentir a perda da pessoa morta tanto numa dimensão social quanto religiosa.

O ato do sepultamento era marcado por uma lógica de diferenciação social, ou seja, como não existiam cemitérios públicos, era comum que as pessoas com maior poder econômico procurassem bons lugares para depositarem seus corpos e com isso nenhum animal do campo teria acesso a ele para o violar, coisa essa considerada pelos judeus como algo profano para o corpo, que era sacralizado como criação de Deus. Já as pessoas mais pobres eram colocadas em lugares de menos destaque, porém buscaram tratá-los com as mesma dignidade.

Os sepultamentos, comumente, eram realizados nas rochas ou em fissuras existentes nelas. Poderia ser em uma caverna de origem natural ou em uma que foi escavada sob encomenda da família do morto. Um exemplo que ilustra esse fato é a narrativa da ressureição de Lázaro, em que Jesus se posiciona à frente do sepulcro onde o corpo de Lázaro estava e brada, ordenando que saísse (Jo. 11.30-39).

O local do sepultamento poderia ser totalmente planejado e preparado para receber os corpos de toda uma família, que possuía uma caixa específica para colocar a ossada que era organizada dentro do sepulcro.

A Lei Mosaica previa toda uma seriedade e cuidados para o contato com os mortos, sendo exigido aos que se aproximassem passar por um ritual de purificação. Além disso, os sepulcros deveriam passar por um processo de higienização, em que recebiam uma pintura externa para que ficasse bem notório que aquele lugar era um sepulcro, para evitar a contaminação (Lv. 5.2).

Por fim, o ritual do sepultamento relacionava-se ao tempo de enlutamento que a família e amigos passava. Esse período durava 30 dias, sendo os três primeiros marcados por silêncio e introspecção, em que não se trabalhava ou se respondia a saudações públicas.

Em seu ministério terreno, Jesus teve que enfrentar a dor e o sofrimento ocasionados pelo pecado, através da morte dos indivíduos com quem convivia e amava. Ele pode notar como o ser humano sofre com as consequências trazidas ao mundo por conta do pecado. Por várias ocasiões, notamos como o Mestre demonstrou empatia, compaixão e misericórdia pelos familiares enlutados, que teve reações basicamente humanas como chorar, por exemplo, além de se compadecer tanto por alguém que amava, trazendo-o de volta à vida.

Vemos em Jesus, a verdadeira expressão de que aquele que crê não padecerá na morte eterna, mas ressuscitará no último dia, pois foi ele quem afirmou: *"Eu sou a ressurreição e a vida. Quem crê em mim viverá, mesmo depois de morrer"* (Jo. 11.25).

Questão para reflexão:
Vimos que a questão da morte pode trazer muito desconforto para muitas pessoas, além de provocar dor e tristeza em todos os que perdem alguém. Vimos, também, que o morrer é consequência direta do pecado na humanidade. Assim, como o pensar sobre o morrer nos ajuda nas atitudes que temos tido em vida? Como o fato de não saber quando isso acontecerá comigo pode me fazer aproveitar melhor as oportunidades para melhor servir a Deus e a cumprir a sua Missão no mundo? Estabeleça atitudes que possam colaborar para uma melhor otimização de seu tempo e ministério na Terra, durante esse tempo de vida que temos para nos preparar melhor para o cumprimento da missão e o retorno glorioso de Jesus Cristo.

SOCIEDADE E VIDA COTIDIANA EM ISRAEL

A vida cotidiana de qualquer sociedade é marcada por elementos extremamente comuns aos indivíduos que se relacionam dentro de um complexo cultural específico. Coisas que podem ser consideradas sem nenhuma utilidade, mas que são vistas em seus detalhes como maneiras como os indivíduos compartilham informações, sobre como pensam o mundo, as suas vidas e as mais diversas formas de se relacionar com os outros.

Dentre esses elementos que entram no ordinário de uma sociedade, podemos citar: formas de pensar suas moradias, como dividem os espaço dentro da casa, o que entendem como sendo a privacidade dentro delas e a vida pública. A maneira como determinam um sistema de contagens e de pesos para o que é considerado perto ou longe, pesado ou leve, além de criar um sistema monetário específico para a compra e venda de bens e serviços.

Além disso, podemos citar as diversas formas como os indivíduos de um povo ou cultura específicos pensam a nomeação das coisas, através da linguagem e, com isso, estruturam a forma como realizam a contagem do tempo, bem como os diversos elementos que compõem a estrutura cultural de onde vivem.

Dessa forma, os capítulos que fazem parte dessa unidade de estudos estão ligados a estas problemáticas: como os israelitas pensam acerca de suas moradias, de seu tempo, dinheiro, distâncias, pesos e idiomas. Além de se buscar compreender contrastes entre o cotidiano sociocultural entre a vida urbana e a rural.

Os capítulos da unidade ficaram dispostos assim: no capitulo 01, nos dedicaremos a compreender diferentes formas de pensar a habitação e moradia em Israel, seguido do capítulo 02, que se preocupará em identificar a forma como tempo era pensado e organizado. No capítulo 03, nos debruçaremos sobre as diferentes unidades de medidas, ou seja, como os judeus pensavam as distâncias, os pesos e o valor das coisas.

Já nos capítulos 04 e 05, perceberemos o cotidiano de Israel, tentando identificar os contrates entre o contexto urbano e rural e, por fim, estudaremos como os diversos idiomas e dialetos utilizados em Israel configuravam as diversas formas de relações interpessoais e comerciais.

CAPÍTULO 1

As diferentes formas de habitação e moradia em Israel

O nosso objetivo nesse capítulo é pensar um pouco sobre as diferentes formas de habitações e moradias que existiam em Israel nos tempos bíblicos. Para alguns, essa temática pode aparentar não ser muito importante, mas, através delas, podemos entender algumas das cenas narradas no Antigo e Novo Testamentos.

Não há uma descrição específica na narrativa bíblica sobre de como eram as habitações, porém, através de várias citações ocasionais destacadas, podemos identificar elementos que nos ajudam a pensar os principais significados que os judeus dos tempos bíblicos atribuíam ao morar, tais como, as fachadas das casas, a divisão dos ambientes, os tipos de portas, janelas, as principais mobílias, dentre outros.

Para termos uma boa compreensão dessa temática, dividiremos esse capítulo em três partes, sendo a primeira delas, dedicada a pensar a concepção bíblica acerca da moradia, seu simbolismo e significados. Na segunda parte, veremos as duas formas de se viver na história de Israel: o nomadismo e o sedentarismo. E, por fim, pensaremos os principais meios de iluminação e de mobílias domésticas existentes nas casas de Israel, com seus significados e aplicações.

1.1. A concepção bíblica acerca da moradia

Percorrendo toda a narrativa bíblica, identificaremos que a ideia de moradia associa-se a elementos relacionados à vida dos judeus, mas também é usada para ilustrar a forma como Deus se relaciona com o seu povo e como demonstra todo o seu cuidado. Nessa primeira parte, perceberemos como a narrativa bíblica pode nos ajudar, não somente a entender a forma como, socioculturalmente, os judeus pensavam as maneiras de se morar e a lógica de suas casas, mas poderemos identificar como Deus demonstrava sua intervenção na vida de seu povo.

No Antigo Testamento, o termo "casa" poderia ser aplicado à origem de um povo ou de uma família, mas poderia, também, referir-se à ancestralidade de um indivíduo (Gn. 7.1; 20.18). Essa ideia perpassa todo o Antigo Testamento e, por isso, há muitas ocorrências frente a essa relação.

É importante lembrar que os judeus, nos tempos do Antigo Testamento, passaram por um período longo sem moradia fixa, desta maneira, eram considerados nômades, característica comum dos povos que viveram na antiguidade do Oriente Próximo. Isso fazia com que os judeus habitassem em tendas.

Acerca das características do nomadismo, iremos destacá-las mais à frente, porém, o que compete ser observado aqui é o fato de que esse estilo de moradia dos judeus afetou-lhes a forma de adoração. O lugar de adoração e culto no Antigo Testamento desenvolvia-se a partir do Tabernáculo, que traz a ideia de lugar de prestação de culto a Deus, mas também de um lugar que representava a presença, a habitação de Deus no meio do povo.

1.2. Principais formas de organização da Habitação

As principais formas identificadas na história do povo de Israel, com relação a habitação e moradia referem-se, diretamente, ao nomadismo e ao sedentarismo, ou seja, no modelo nômade, não fixava-se em uma área para desenvolver sua agricultura e/ou pecuária, antes, buscava lugares e terras que pudessem favorecer esse tipo de vida. Já no modelo conhecido por sedentarismo, o povo passou a ter moradia fixa, em uma região onde pôde desenvolver o modo de viver, com formas de produção que garantiram sua sobrevivência.

Mesmo mudando os modelos de estruturar a moradia e pensar suas casas, os judeus passaram a carregar o mesmo conceito acerca do que seria uma casa (ou habitação), a ideia de um lugar delimitado, que promovia para um grupo familiar, a segurança e a proteção, necessárias para o desenvolvimento de atividades essenciais para o trabalho e a sobrevivência.

Muito tempo antes de Abraão, identificamos que era comum aos judeus a vida nômade e o uso de tendas para moradia. A primeira ocorrência que verificamos no texto bíblico acerca disso está em Gênesis 4.20 que registra: *"Ada deu à luz* **Jabal***; ele foi o precursor dos que criam rebanhos e* **moram em tendas***."*. Mais à frente, vemos que Abraão passa a seguir a mesma tradição do futuro de Israel (Gn. 12.8).

As tendas variavam de tamanho e número de cômodos, de acordo com a condição econômica da família proprietária. No caso de Abraão e Ló, vemos que possuíam grandes tendas, devido à sua condição econômica e tamanho da família que tinham.

Em contrapartida, notamos que as tendas que o povo utilizou durante a trajetória do deserto eram bem menores e mais simples. Geralmente, as tendas eram feitas da pele de animais, possuíam uma estrutura de madeira que servia de base e eram fixadas ao chão, através de estacas.

Dentro delas, existiam, geralmente, alguns objetos e mobílias específicas, tais como: almofadas, utensílios para cozinhar e lamparinas para iluminação. Devido à vida nômade, precisavam de praticidade para a montagem e desmontagem das tendas para o transporte, além disso, deveriam ter poucos utensílios e bens dentro delas.

O processo de mudança de uma vida nômade para uma realidade sedentária deu-se a partir da chegada do povo de Israel em Canaã, onde começaram a ter moradia fixa e, com isso, passaram a reconfigurar a percepção, tanto das casas, quanto da ideia de habitação.

No Novo Testamento, identificamos que ainda existiam grupos que desenvolviam a prática do nomadismo. Eram grupos de pastores que viviam nos arredores da cidade, cuidando de ovelhas e guardando o gado. Além disso, podemos registrar que, em algumas festas ou momentos específicos, os judeus passaram a se utilizar das tendas para os rituais religiosos, tais como a "festa das Cabanas" ou "festa dos Tabernáculos". Isso explica, também, a existência dos famosos fazedores de tendas (At. 18.3).

Como já afirmamos, os judeus passaram a ser sedentários, a partir da chegada em Canaã e, desde então, elaboraram novas formas de construir suas casas. Começou a ser desenvolvida uma tecnologia específica em Israel, pensando, inclusive, em áreas, tais como a engenharia e arquitetura, com concepções bem rudimentares ainda, porém, com métodos específicos e peculiares ao povo judeu.

Em relação aos demais povos da antiguidade, percebemos que os judeus não tinham uma lógica arquitetônica que lhes desse destaque. Seus projetos eram simples e de praticidade, para atender as principais demandas do povo.

Por conta disso, vemos que constituiu-se em Israel uma estrondosa diferença entre as estruturas das casas das pessoas com maior poder econômico, daquelas que eram pobres. A desigualdade social era visivelmente percebida, mediante o tipo de moradia que o indivíduo possuísse.

Como relação às casas dos pobres, vemos que eram menores, com apenas um cômodo, contendo 02 ou 03 janelas pequenas que ficavam no alto, para a circulação do ar. Todo o piso era feito de terra batida e, as paredes, possuíam uma estrutura composta de taipa, reforçada com hastes de junco ou barro. Geralmente, as portas de casas simples eram bem pequenas e estreitas, para que se pudesse passar. Não se tinha o hábito de deixá-las fechadas, mas, em casa localizadas na zona urbana, alguns preferiam, utilizando-se de chaves feitas de madeira, que carregavam consigo no pescoço. Em casas da zona rural, colocavam-se portas mais altas, para impedir a entrada de animais do campo.

Para os judeus, os telhados eram áreas de multiuso. Era comum que, na lateral das casas, existisse uma estrutura de acesso para o telhado, onde as famílias poderiam utilizá-la como dormitório em dias quentes, para estender as roupas para que secassem ou, até mesmo, para fazer algum tipo de comunicação com os vizinhos (Mt. 10.27; Lc. 12.3).

Tendo em vista essa versatilidade do espaço do telhado, sua estrutura era feita a partir da mistura de barro com palha picada, que recobriam algumas vigas. Devido à utilização desse tipo de material, era necessário que fosse feita manutenção regular.

As pessoas com maior poder econômico possuíam casas maiores, com maior quantidade de cômodos. Eram construídas em dois pavimentos: o superior e um inferior. No pavimento superior, ficavam os quartos, com janelas grandes, que favoreciam a ventilação e a iluminação, enquanto que, no pavimento inferior, ficavam os demais ambientes da casa, tais como, a cozinha e a sala de jantar. Em alguns casos, o pavimento superior era utilizado para criação de um quarto maior e mais amplo, para a acomodação de possíveis visitas e colocação de roupas. No inferior, estavam os demais cômodos e quartos da família.

Provavelmente, foi numa estrutura dessas que Jesus se encontrou com os seus discípulos para a última ceia e, também, onde o Espirito Santo desceu sobre eles, quando estavam reunidos no dia do Pentecostes. (Lc. 22.8-12; At. 2.1, 2).

Além do tamanho, as pessoas com maior poder econômico utilizavam-se de materiais diferenciados para o acabamento de suas casas. Era comum a mistura de areia, gesso ou cal para montar a argamassa, que daria sustentação às pilastras da casa, bem como ao piso superior.

Além disso, era comum utilizarem ouro, marfim e prata para o acabamento, assim como mármore e madeira de cedro (Jr. 22.14; Ag. 1.4). Segundo a lei mosaica, era obrigatória a construção de uma estrutura de contenção para evitar que as pessoas caíssem (Dt. 22.8).

Também era possível a construção de casa em áreas especificas para épocas do ano, como o inverno. Nessas casas, era possível construir uma estrutura que fosse mais resistente ao frio e outra que pudesse ser agradável no verão. Em alguns momentos, o texto sagrado denuncia os proprietários de grandes mansões, por se preocuparem mais com suas casas, do que com a casa de Deus e com o relacionamento que deveriam desenvolver com Ele (Am. 3.15).

1.3. Iluminação e mobílias domésticas

As construções das casas de Israel não eram pensadas para favorecer a iluminação externa. Destacamos anteriormente que, nas casa mais simples, as janelas eram pequenas e ficavam na parte superior, para a circulação do ar, porem, a iluminação era comprometida.

Sendo assim, era necessário pensar formas de iluminação interna das casas, durante o período da noite e, em alguns casos, também durante o dia. Para isso, eram utilizadas luminárias feitas de barro. Existiam alguns modelos espalhados pela casa. O modelo mais simples tinha formato de pires e continha um suporte para o pavio, ao passo que, o mais sofisticado apresentava um bico mais apropriado para se colocar o pavio, além de que o próprio design era mais elaborado.

Dentro das casas era comum a utilização de pavios feitos de algodão ou linho e, o azeite, era o que alimentava a lamparina. As lamparinas precisavam ser sempre abastecidas para que não apagassem. Como era muito difícil conseguir fogo, era necessário ter uma fonte constante dele dentro de casa. Além disso, era importante que houvesse chama contínua para sinalizar que havia alguém nela, evitando assim, que ladrões oportunistas a invadissem.

Para que houvesse melhor aproveitamento na iluminação da casa, a lamparina   era colocada em lugar estratégico, possibilitando que alcançasse a maior extensão do lar. Podemos negar essa utilização e preocupação como hábito cultural, através do registo de Mateus 25 e de Lucas 15.8-10 que falam, respectivamente, sobre a parábola das virgens imprudentes e a da dracma perdida.

Com relação ao mobiliário utilizado nas casas em Israel, percebe-se que era caracterizado pela praticidade, discrição e simplicidade. A partir dessas características, podemos fazer a mesma distinção existente entre as casas dos pobres e ricos.

Diferentemente dos hábitos ocidentais contemporâneos, os judeus não possuíam mesas em suas casas. Para realizarem as refeições, geralmente, utilizavam-se de uma esteira de couro de animal ou, ainda, feita de fibra vegetal que era colocada no chão. Somente nas casas dos mais ricos existiam mesas com cadeiras.

Além disso, podemos destacar o baú, utilizado como cômoda para guardar as roupas dos membros da família. Essa peça era comum, tanto na casa dos ricos, quanto na casa dos pobres. Porém, as distinções entre ricos e pobres não param ai. As diferenças entre as camas também refletia a condição social da família. Na casa dos ricos, as camas eram feitas de material mais sofisticado e macio, enquanto que, para as famílias mais pobres, a cama se reduzia a uma esteira ou peles de animais. Não existia o hábito de se utilizar cobertores, mas as pessoas dormiam com a roupa de uso comum de seu dia a dia. Já os travesseiros eram feitos de peles de cabra e recheados com penas ou lã.

Outros utensílios comuns nas casas dos judeus eram as vasilhas de barro, os cântaros de água, os fogões e a moinha. As vasilhas de barro eram utilizadas para o transporte de alimentos. Já os cântaros eram próprios para o armazenamento e transporte de água.

O fogão e a moinha eram peças que ficavam na parte externa da casa. No caso do fogão, existia a possibilidade de ser utilizado pela coletividade, ou seja, por todos os membros do mesmo povoado. Nas casa mais ricas, era possível que o fogão possuísse um forno aquecido por madeira.

O moinho era amplamente utilizado e encontrado nos lares, pois, através dele, fazia-se a tritura dos grãos que compunham a gastronomia do povo judeu, tanto para fazer bolos e pães, quanto para ensopados.

A partir de todo esse aparato cultural que os judeus dedicavam às suas moradias, podemos notar que atribuíam um significado específico, não somente para a maneira da moradia em si, mas para a concepção de coletividade que tinham. Além disso, notamos que o problema da distinção socioeconômica existente em nossos dias era, também, um problema no meio do povo judeu, em que o próprio Deus chamou a atenção dos ricos, por conta das suas casas luxuosas. Vale ponderar aqui, que a crítica de Deus para com os ricos e suas casas não se deu por terem casas grandes, luxuosas e confortáveis, mas pelo fato de desvalorizarem as coisas de Deus e de seu Reino, em nome dessa ostentação. O texto sagrado nos informa: *"No mesmo dia em que eu castigar Israel por seus pecados, destruirei os altares idólatras em Betel. As pontas do altar serão cortadas e cairão no chão. Destruirei as belas casas dos ricos, suas mansões de inverno e suas residências de verão, todos os seus palácios cheios de marfim", diz o Senhor'"* (Amós 3.14, 15).

Questão para reflexão:

Como vimos, o povo de Israel possuía uma forma peculiar de pensar a sua moradia e a lógica de habitação, apontando para um ideal de cuidado e de segurança. Nesse ideal ligado à moradia, vemos os judeus relacionando isso à presença de Deus no meio deles, trazendo proteção e segurança, além de conectarem ao fato de estar na presença do divino. Desta forma, reflita um pouco sobre como tem sido a sua relação com o zelo e cuidado para com a casa de Deus. Não apenas no que se refere ao cuidado físico, com suas instalações e sua manutenção financeira, através dos dízimos e ofertas, mas pense sobre sua relação com a Igreja local, como um lugar de adoração a Deus e comunhão com os irmãos na fé em Cristo. Como está tua relação com a casa de Deus e com os que habitam nela?

CAPÍTULO 2

As formas de pensar o tempo e a sua contagem

Anteriormente, dedicamos tempo para compreender elementos básicos da vida social em Israel, no que se refere à sua percepção acerca da habitação e moradia, bem como os principais significados atribuídos às suas casas e sua relação, no dia a dia, com rotinas e vida religiosa. Vimos ainda como a desigualdade social, destacada pelo poder econômico de alguns, levava a uma distorção acerca das maneiras de se morar.

Neste capítulo, continuaremos compreendendo como a vida cotidiana de Israel era marcada por uma forma específica de contar o tempo e de como era guiada por padrões socioculturais que lhes ajudavam a organizar a existência, com suas práticas religiosas, culturais e de trabalho.

Em meio à sociedade da antiguidade, era comum vermos métodos rudimentares para a contagem dos dias, meses e estações, além da elaboração de uma racionalidade específica para a confecção de calendários que, além de sistematizar o cotidiano, ajudavam a pensar a reprodução de tradições, rituais e de festas religiosas no meio do povo.

No caso do povo de Israel não foi diferente. Para isso, dividiremos este capítulo em três partes. Em primeiro lugar, compreenderemos qual era a compreensão bíblica acerca do tempo e como essa concepção estava presente na história do povo de Israel e na História da Salvação. Em seguida, iremos pensar como os grandes blocos de tempo, tais como anos, meses e estações eram organizados, nos ajudando a perceber como as narrativas entre os reis e suas façanhas desdobravam-se e como duravam os seus reinados. E por fim, analisaremos os pequenos blocos de tempo, tais como: as semanas, dias e horas, nos ajudando a perceber as principais diferenças entre o modo de pensar o tempo na cultura ocidental, e como era entre os povos do Oriente Próximo, especificamente, entre o povo de Israel.

2.1. A perspectiva bíblica acerca do tempo

Quando olhamos para a narrativa bíblica, passamos a perceber que a compreensão acerca do tempo liga-se completamente à percepção religiosa, pois, para a Bíblia, o tempo é uma elaboração de Deus. Essa percepção pode ser percebida quando, no ato da Criação, Deus passa a ordenar as coisas e a elaborar parâmetros para diferenciar os dias e as estações, os períodos mais longos dos períodos mais curtos de tempo.

Em sua criação, Deus estabeleceu que houvesse uma separação entre o dia e a noite, nos ajudando a pensar em períodos do dia. O texto nos informa: *"Deus chamou a luz de "dia" e a escuridão de "noite". A noite passou e veio a manhã, encerrando o primeiro dia"* (Gn. 1.5).

Perceba que, no texto, temos a definição de tempo, a partir da referência ao término do "primeiro dia", assim como no contraste entre "dia" e "noite". Assim, identificamos o quanto a lógica da contagem do tempo esta ligada não somente ao ato criativo de Deus, estabelecendo parâmetros para se pensar o tempo, como em nos ajudar a organizar o nosso cotidiano.

Deus é o ser que sai da eternidade, onde não existe a ideia de tempo, e passa a conviver com a sua criação, marcada pela temporalidade. É com o ato criativo que o tempo, na realidade humana, passa a ser percebido por uma contagem e compreensão de períodos de tempo mais longos e de outros mais curtos.

Por isso, há uma aproximação muito significativa entre a percepção do tempo e a lógica religiosa, pois é o Deus criador que estabelece o começo e o fim na lógica do tempo. É esse mesmo Deus que coloca o homem dentro de um princípio de eternidade, pois ao criá-lo à sua imagem e semelhança, estabeleceu que esse ser criado teria um começo e entraria na eternidade. Deus estabelece a eternidade ao homem, onde pode desfrutá-la no paraíso santo com Deus ou no sofrimento eterno longe da presença santa dEle. (Jo. 5.24).

No período bíblico, o tempo era contado a partir de uma lógica muito próxima à agricultura. Através da observação do tempo para colher ou para plantar, para os judeus, o tempo deveria ser pensado linearmente, em uma progressão de etapas, estabelecendo um começo (plantação) que se desenvolve até chegar ao clímax (colheita). Era muito clara a lógica de início, meio e fim. Por essa razão, a percepção do tempo pode ser identificada na maneira como os judeus pensavam a história da humanidade, sempre sobre uma perspectiva de um fim eminente do dia Glorioso e triunfante de Deus no seu Reino vindouro e eterno.

2.2. Os grandes períodos de tempo: anos, meses e estações

Era comum os povos da antiguidade utilizarem-se das estrelas, da posição do sol e da lua para pensar o método de contagem do tempo. Assim, os povos egípcios tinham um calendário de ano solar que contava com 365 dias, enquanto que os judeus acompanham um calendário de ano lunar, que possuía 354 dias, promovendo uma diferença de 11 dias ao longo do ano solar, gerando uma distorção em relação as fases das estações.

No calendário de ano lunar, vemos que era seguido as fases da lua e a cada ciclo completo de 04 fases se tinha um mês completo. A distorção de tempo entre um tipo de ano em relação ao outro era resolvido com a criação, por parte dos judeus, de um novo mês que ficava localizado entre os dois meses que compunha a primavera, ou seja, os meses de Adar e Nisã, como vemos destacados na tabela a seguir.

Equivalência de meses entre o calendário		
Mês	N° de dias	Mês equivalente
Nisã	1	30	Março-Abril
Iyar	2	29	Abril-Maio
Sivan	3	30	Maio-Junho
Tammuz	4	29	Junho-Julho
Av	5	30	Julho-Agosto
Elul	6	29	Agosto-Setembro
Tishrei	7	30	Setembro-Outubro
Heshvan	8	29/30	Outubro-Novembro
Kislev	9	30/29	Novembro-Dezembro
Tevet	10	29	Dezembro-Janeiro
Shevat	11	30	Janeiro-Fevereiro
Adar	12	29/30	Fevereiro-Março
Adar II	13	29	Março-Abril

(https://cronologiadabiblia.wordpress.com/2011/01/04/o-calendario-judaico/)

O mês criado e acrescido ao calendário judaico é chamado de "Veadar" ou de "Adar II", sendo realizada a complementação no período final do ano civil. Com relação ao início do ano judaico, não há um consenso, porém, acredita-se que essa data relaciona-se, tradicionalmente, com o primeiro dia da festividade do mês da colheita, sendo considerado o inicio do ano religioso, enquanto que o ano novo era celebrado no sétimo mês do calendário religioso. Nesse caso, possuíam uma calendário para as festas religiosas e um calendário civil, para a contagem dos meses do ano.

Durante a narrativa do Antigo Testamento, notamos que era costumeiro observar uma relação direta entre a contagem do tempo com o período de governo dos reis. Como exemplo, podemos citar o caso do profeta Isaías: *"No ano em que o rei Uzias morreu, eu vi o Senhor. Ele estava sentado em um trono alto, e a borda de seu manto enchia o templo."* (Is. 6.1), ou, podemos citar, também, o caso do Rei Jeroboão e Nadabe: *"No vigésimo ano do reinado de Jeroboão em Israel, Asa começou a reinar em Judá. Nadabe, filho de Jeroboão, começou a reinar em Israel no segundo ano do reinado de Asa, rei de Judá. Reinou em Israel por dois anos"* (1 Re. 15.9, 25).

Com relação à contagem dos meses, observa-se que o calendário judeu era lunar, portanto, os meses do ano estavam ligados à lógica das fases da lua. Nesse sistema, o mês iniciava quando a fase da lua que trazia o formato de uma fina fatia no céu, denominada de "lua nova". Os demais meses decorriam dessa fase. Esse início de mês era marcado por fogueiras, que eram acesas como celebração.

Com relação às estações do ano, vemos que, basicamente, eram divididas entre muita chuva e clima frio e de acentuada seca e muito calor. Além das estações do ano relacionadas às condições climáticas, vemos que as festas religiosas tinha caráter definidor nesses períodos ao longo do ano. Dentre elas podemos destacar as festas da Páscoa (Lc. 22.1), Tabernáculos (Jo. 7.2) e Pentecostes (At. 2.1).

Cada uma dessas estações estavam ligadas, também, com o tempo propício para o plantio e para as colheitas, além de terem uma preocupação específica com uma estação para o reflorestamento de áreas utilizadas, sendo esses períodos fundamentais para se pensar a contagem do tempo em Israel.

Mediante essas lógicas de estações e meses, a ligação que os judeus tinham com o tempo era ditado pela natureza. Eles não possuíam um tecnologia específica para isso, todos os métodos eram baseados na observação da natureza, com seu ritmo.

2.3. Os pequenos períodos de tempo: semanas, dias e horas

A concepção de semana pelos judeus liga-se ao texto das origens, em que Deus passa a criar todo o universo, a natureza e o ser humano.

Nesse, Deus destaca a existência dos dias da semana, atribuindo-lhes uma lógica de dia e noite, como períodos específicos do dia. E, nessa semana criativa, Deus estabelece a lógica de que devemos nos preocupar com o trabalho cotidiano da vida,sem deixar de considerar o tempo para o descanso (Gn. 1).

É somente com a lei mosaica que a lógica do descanso passa a ser institucionalizada, definindo o sábado como o dia do descanso e, por isso, dia sagrado. Existiam muitas coisas que não se podiam executar durante o período de tempo reservado para o sábado. O texto do Antigo Testamento traz para o sábado dura pena para aquele que o descumpre: *Entendam que o sábado é um presente do Senhor para vocês. Por isso, no sexto dia, ele lhes dá uma porção dobrada de alimento, suficiente para dois dias. No sábado, cada um deve ficar onde está. Não saiam para recolher alimento no sétimo dia"* (Êx. 16.29).

Com o passar do tempo, o sábado passou a ser o dia separado para a dedicação às coisas religiosas. No período do exilio babilônico, quando os judeus ficaram sem local para se reunir, passaram a usar o sábado com esse propósito. Eles frequentavam as sinagogas, aprendiam sobre a Lei e faziam suas orações.

Na narrativa bíblica, não encontramos uma preocupação com a nomeação dos dias da semana, assim como foi com o sábado. Vemos que existe no Novo Testamento uma referência ao primeiro dia da semana (Jo. 20.1), relacionado pelos cristãos contemporâneos ao domingo e, também, ao dia anterior ao sábado, sexta-feira. Para o judeu, esse dia era chamado de "dia de preparação" (Mt. 27.62).

Já com relação ao dia especificamente, podemos destacar que, dentro da cultura de vários povos, existe uma distinção entre o dia ligado à natureza e o dia legal, ligado a um tempo de horas que compõe a sua duração. Com relação ao dia natural, temos o tempo de duração da luminosidade que aquela região possui. Existem regiões que o tempo do dia natural é diferente de outros, principalmente, em estações, como o inverno e verão. Já o dia legal relaciona-se com o tempo que a Terra utiliza para da uma volta completa em torno de si, fenômeno denominado de rotação.

Dentro da cultura judaica, vemos que o dia natural era compreendido pelo tempo que se estende desde o nascer até o pôr do sol. Sendo esse tipo de determinação do dia legal muito confusa entre os judeus. Para alguns, era compreendido que o dia legal começava com o nascer do sol, nos primeiros raios do sol, e que só terminava ao meio dia ou, só quando o sol se punha, no entardecer. Ao olharmos para o texto bíblico, não encontramos uma determinação clara para isso, mas vemos que o dia de trabalho seguia a lógica da conclusão das atividades, quando o corpo já dava sinais de cansaço.

Por fim, nota-se a presença e menção mais específica para com as horas, especialmente, no contexto do Novo Testamento. A partir da época de Jesus, encontramos referências do uso delas para contar o tempo de um dia. Assim como várias outras coisas relacionadas à vida cotidiana em Israel, temos a ideia de se perceber o dia por meio da lógica religiosa. Existiam a "hora da oração", a "hora do sacrifício diário" que poderia ser pela manhã ou à tarde.

No entanto, vemos que a noite poderia ser contada de três tipos diferentes de "vigílias", ou seja, a primeira vigília, representada em Lamentações 2.19: *"Levantem-se no meio da noite e clamem, derramem como água o coração diante do Senhor. Levantem as mãos em oração e supliquem por seus filhos, pois desfalecem de fome pelas ruas."*. No caso das segunda vigia ou vigília, à meia noite. Vemos um exemplo em Juízes 7.19: *"Pouco depois da meia-noite e da troca da guarda inimiga, Gideão e seus cem homens chegaram aos limites do acampamento midianita. De repente, tocaram as trombetas e quebraram os vasos de barro."*. E por fim, a última vigília, retratada em I Samuel 11.11: *"No dia seguinte, porém, antes do amanhecer, Saul chegou com seu exército dividido em três destacamentos. Atacou os amonitas de surpresa e, na hora mais quente do dia, já os tinha derrotado completamente. O restante do exército amonita se dispersou de tal modo que não ficaram dois soldados juntos."*.

No Novo Testamento, por conta da forte influência dos povos romanos, vemos que os judeus adotaram o modelo romano de contar as horas pelas quatro vigílias noturnas (Mt. 14.25; Mc. 13.35). Dessa formas as quatro vigílias eram:

a) Primeira vigília: das 18h às 21h.

b) Segunda vigília: das 21h às 00h.

c) Terceira vigília: de 00h às 03h.

d) Quarta vigília: das 03h às 06h.

Chegamos à conclusão que a lógica utilizada pelos judeus para pensar e contar o tempo na época de Jesus distanciava-se de uma prática de precisão. Durante o dia, não era possível ter a exatidão sobre que horário estava o dia, mas, acompanhavam o tempo através da duração e da localização do sol no céu. Assim, podemos pensar em algumas correlações de tempo. Quando aparece no texto bíblico a referência à sete horas da manhã, essa seria equivalente a primeira hora do dia; as oito horas da manhã, a segunda hora do dia, e assim por diante. Baseado nessa lógica, podemos inferir que a hora da morte de Jesus tenha sido por volta das 15h, ou seja, a nona hora do dia (cf. Mt. 27.46).

Questão para reflexão:

Deus criou o homem um ser temporal e limitado à lógica do tempo. Assim pensamos sempre em formas para controlar o tempo e como podemos aproveitar cada segundo que vivemos da melhor maneira. Sendo assim, podemos pensar em algo que possa ser extremamente trivial: O que temos feito com o tempo que temos? Como podemos melhor aproveitar o nosso tempo para servir mais a Deus e Seu Reino? Como podemos otimizar o nosso tempo para que o ofereçamos com qualidade para as pessoas que amamos, como nossos parentes, pais, filhos e amigos? Crie uma tabela com as suas atividades e tente dedicar momentos específicos para áreas essenciais da sua vida, tais como: família, devoção individual, para os estudos da Bíblia, para a Igreja local e para o Reino de Cristo. E tome muito cuidado com tudo o que possa ser encontrado em sua vida que venha "devorar" o seu tempo com coisas banais e mundanas.

CAPÍTULO 3

Unidades de medir na cultura judaica

No capítulo anterior, compreendemos como o povo judeu tinha uma forma específica de pensar e contar o tempo. Os padrões estabelecidos ligados a ele, ajudavam a organizar a vida com suas práticas religiosas, culturais e de trabalho.

Nesse capítulo, nos dedicaremos a compreender como eram estabelecidas as principais formas de medir e calcular quantidades e proporções, além de entendermos como o dinheiro era utilizado na sociedade judaica, quer fosse nas relações comerciais ou na prestação de serviço.

Para esse estudo, dividiremos este capítulo, abordando os seguintes temas: em primeiro lugar, identificaremos a perspectiva bíblica acerca do dinheiro e das unidades de medida. Em seguida, focaremos o sistema de medição existente entre os judeus dos tempos bíblicos, abordando a compreensão que tinham acerca de tamanhos, distâncias, dimensões e proporções, além de perceber os principais instrumentos utilizados para medições. Por fim, constataremos como o dinheiro era utilizado como medida de troca e comercialização entre os judeus, destacando as principais moedas existentes e seus valores equivalentes.

3.1. A Bíblia e as unidades de medida.

A Bíblia é um livro extraordinário que revela a vontade de Deus para com o seu povo e, também, demonstra o seu zelo e cuidado para com coisas pequenas existentes no cotidiano do povo de Israel. Dentre essas coisas, podemos destacar o cuidado que o Senhor tem, através de sua Palavra, ao colocar em discussão o uso de certas unidades de medida, sejam elas: pesos, distâncias, proporções e tamanhos. Além disso, a preocupação em estabelecer como os judeus iriam utilizar o dinheiro como medida de troca em suas relações comerciais e econômicas.

Em toda a narrativa bíblica, vemos como está expresso o uso dessas unidades. É comum a utilização das unidades de medir, de peso e acerca do dinheiro, principalmente no que se refere às transações comerciais, sacrifícios religiosos, construções e parábolas que circulavam entre o povo de Isael.

Um exemplo que ilustra bem esse hábito corriqueiro em Israel é a história da construção da arca de Noé. Deus estabeleceu que Noé deveria seguir um projeto que foi traçado e estabelecido por Ele próprio.

Uma das coisas que chamam à atenção nessa história, é o fato de Deus ter se preocupado em estabelecer um projeto para a construção da arca, dentro de parâmetros e linguagem extremamente humanos, tendo o próprio homem como protagonista para a execução dele. Assim, o Senhor estabeleceu o plano e, o homem, passou a executá-lo. Poderia Deus realizá-lo prontamente, mas, desejou ter o homem como seu parceiro nessa empreitada.

Veja que o texto apresenta coisas muito específicas que deveriam constar na arca. Assim diz:

> *Construa uma grande embarcação, uma arca de madeira de cipreste, e cubra-a com betume por dentro e por fora, para que não entre água. Divida toda a parte interna em pisos e compartimentos. A arca deve ter 135 metros de comprimento, 22,5 metros de largura e 13,5 metros de altura. Deixe uma abertura de 45 centímetros debaixo do teto ao redor de toda a arca. Coloque uma porta lateral e construa três pisos na parte interna: inferior, médio e superior.* (Gn. 6.14-16).

Perceba os detalhes colocados pelo próprio Deus em seu projeto, com relação às medidas e tamanhos que a arca deveria ter. Vemos esse mesmo procedimento em outras construções, como a do Tabernáculo (Êx. 26.2, 8, 16), por exemplo, assim como o templo de Salomão (I Re. 6.2), podendo ser percebido também em atividades religiosas ou em serviços específicos, quando os judeus deveriam ter muita dedicação e cuidado, como os registrados em Levítico 5.11; 24.5: *"Se a pessoa não tiver condições de oferecer sequer duas rolinhas ou dois pombinhos, **trará dois litros** de farinha da melhor qualidade como oferta pelo pecado. (...) Asse doze pães de farinha da melhor qualidade usando **quatro litros** de farinha para cada pão."* (grifo nosso).

É importante notar que essas medidas traziam um caráter de especificidade na dedicação das oferendas no templo, estabelecendo assim, um sinal de zelo e cuidado com as coisas que oferecemos a Deus em sacrifício.

Na narrativa do Antigo e Novo Testamentos podemos encontrar que o sentido atribuído às palavras medir e pesar, vão além das aplicações usuais, podendo ser aplicadas às questões de caráter devocional e religioso. Referem-se às palavras de exortação, em que podem ser percebidas com o sentido de "pesar e medir" as intenções do coração dos indivíduos, ou de "pesar na balança" os sentimentos, pensamentos e/ou atitudes dos servos de Deus. Também podem ser aplicadas em demonstração da graça e misericórdia divinas (Jr. 30.11), para expressão da sabedoria divina (Jó 28.23, 25), ou para designar a finitude da vida humana (Sl. 39.4).

3.2. Sistemas de medição dos tempos bíblicos

Como já destacamos anteriormente, o povo de Israel não era dotado de aparato tecnológico desenvolvido durante os tempos bíblicos e isso refletia na maneira como sistematizavam outras área da vida cotidiana. Dessa forma, o sistema de medidas e unidades utilizado entre os judeus era muito rudimentar, sendo que suas categorias de medição, peso, distância e proporção eram muito ligados a elementos do dia a dia do trabalhador e, também, à natureza.

a) No Antigo Testamento

Durante toda a narrativa do Antigo Testamento, identificaremos como os judeus utilizavam poucas categorias para se relacionar com as medidas e pesos das coisas que existiam entre o povo. Dentre elas, podemos destacar quatro: Ômer ou Gômer, Efa, Sato ou Seá e o cabo, para produtos secos e, Logue, Him, Bato e Coro, para os produtos líquidos. Abaixo, traremos uma breve descrição da cada uma delas.

O Ômer ou Gômer poderia ser classificado em Gômer "Issirion" e em Gômer "feixe" que se caracterizavam da seguinte maneira: o Gômer Issirion era direcionado para medir volumes de produtos secos, como cereais, por exemplo, e referia-se a uma "carga de jumento" que, por sua vez, tinha a equivalência de algo entre 200 a 400 litros (cf. Lv. 27.16).

Já no caso do Gômer feixe, referia-se à menor medida para cereais ou produtos secos (cf. Êx. 16.33) e possuía equivalência aproximada de 04 litros.

Em seguida temos o Efa, que referia-se à proporção de um cesto grande. Esse cesto era comum nas casas em Israel e era usado para medir cereais. Tinha equivalência de 10% do Gômer Issirion, ou seja, algo entre 20 a 40 litros. O Sato ou Seá, girava entre 03 a 06 litros (cf. Gn. 18.6; I Sm. 25.18; II Re. 7.1) e, o Cabo, algo entre 01 a 02 litros (cf. II Re. 6.25; 7.1).

Em se tratando dos produtos líquidos, os judeus utilizavam as medidas, a partir do Logue, com capacidade entre 200ml a 500ml. O Him tinha a capacidade entre 03 a 06 litros, ao passo que o Bato e o Coro, 20 e 49 litros e, 200 e 400 litros, respectivamente.

b) No Novo Testamento

No caso do Novo Testamento percebemos que o sistema de medidas sofreu alteração, promovendo melhorias e, com isso, ficando mais simplificado, sendo utilizadas as seguintes categorias: Alqueire e Metretas.

* **Alqueire** – referia-se a uma vasilha de metal ou de cerâmica, que servia para medir o volume da cevada ou trigo. Era comum, geralmente, em casas mais pobres, e servia de mesa de apoio e para refeições. Sobre essa vasilha, Jesus fez referência em Mateus 5.15 e em Marcos 4.21, quando falou sobre o uso correto da lamparina, advertindo que ela deveria esta em cima do alqueire e não embaixo dele.

* **Metretas** – usavam-se para medir quantidades de porções secas, como também, de líquidos. Eram utilizadas, geralmente, para armazenar água nas casas. Possuíam capacidade em torno de 13,5 litros (cf. Jo. 2.6).

Com relação às unidades de medida, destacamos o côvado e o palmo. É interessante observar no sistema de unidade de medidas do povo de Israel que, como era rudimentar, as unidades estavam relacionadas às partes do corpo e às ações do cotidiano da vida no campo, tais como, os passos ou palmos. Essas ações ou partes do corpo eram convencionadas para medir distâncias curtas ou espaços.

Para essas atividades de medição eram empregados o côvado comum, o forte e o fraco, sendo que possuiam as seguintes caracterizações.

* Côvado comum – equivalência de 22cm ou 01 palmo;
* Côvado forte – equivalência de 54cm;
* Côvado fraco – equivalência de 45cm ou 02 palmos.

Para a medição de espaços maiores, utilizavam-se proporções

como estradas, campos ou elementos utilizados no dia a dia, como por exemplo, a jornada de um dia, uma milha, estádio e uma braça. Para entendermos melhor, segue uma tabela demonstrativa.

Tabela 01: Medidas de distancias e sua equivalência

Medida	Equivalência (aproximadamente)	Referência Bíblica
Jornada de um dia	Em torno de 35 km	Gn. 30.36; 31.23; Nm. 10.33;
Jornada de um sábado	Em torno de duas milhas ou 03 km	Lc. 2.44; At. 12
Estádio	Em torno de 177,6 metros	Lc. 24.13; Jo. 6.19; 11.18; Ap. 14.20; 21.16.
Braças (relacionada aos marinheiros)	Em torno de 02 metros ou 10 palmos.	At. 27.28
Milha (usada pelos camponeses)	Em torno de 1.480 metros	Mt. 5.41

Acerca dos instrumentos utilizados para medição de espaços e de outras medidas, o mais comum era a "cana de medir", que possuía 2,5 metros de comprimento (cf. Ez. 40.3) e era usado para verificar a dimensão de pequenas proporções.

Além da cana de medir, existia o "cordel". Não se pode precisar o seu tamanho exato (II Sm. 8.2; Jó 38.5; Lm. 2.8; Zc. 1.16). Outro instrumento de medição era o jugo, que referia-se à peça utilizada para manter dois bois emparelhados, durante o período que estavam arando a terra. Assim, esse percurso era equivalente a um dia, sendo o jugo, o tamanho desse dia de trabalho.

Com relação aos pesos, podemos estabelecer que a medida base seria a de um "siclo". Para melhor entendimento, abaixo segue uma tabela demonstrativa.

Tabela 02: Medidas de pesos e sua equivalência

Peso	Equivalência (aproximadamente)	Referência Bíblica
Arratel (AT) e Libra (NT)	Em torno de 300 gramas	I Re. 10.17; Ed. 2.69; Jo. 12.3; 19.39.
Siclo	12 gramas	Êx. 38.25; II Sm. 14.26.
Mina	500 gramas de prata	Lc. 19.11-27
Beca	06 gramas	Êx. 38.26
Talento	35 kilos	Êx. 38.25

Sobre outras formas de instrumentos de pesagem, temos o uso de balanças e pesos, feitos de pedra ou de ferro. Alguns povos próximos aos judeus tinham o hábito de esculpir peso no formato de animais, sendo isso considerado inaceitável pelos judeus, tendo em vista a interdição estabelecida pela Lei Mosaica para a não veneração de qualquer tipo de imagem.

Outro fato relevante acerca do uso de pesos e de medidas está na utilização da narrativa bíblica para aplicar princípios de honestidade. É muito comum identificar trechos do Antigo Testamento relacionados ao princípio de justiça no desenvolvimento de relações e negociações comerciais (Dt. 25.13-16; Lv. 19.35, 36; Mq. 6.10, 11).

3.3. A compreensão sociocultural acerca do dinheiro.

A noção de riqueza na Antiguidade não era relacionada à quantidade de bens, tais como, propriedades, cabeças de animais e à quantia de dinheiro que o indivíduo acumulava. E, por conta disso, os judeus só passaram a desenvolver alguma lógica de troca monetária muito tempo depois. No caso dos tempos do Antigo Testamento, podemos ver que os judeus carregavam uma lógica próxima daquela que os povos vizinhos a eles faziam, todavia, pensavam as trocas comerciais de forma mais fáceis.

Com isso, começaram a desenvolver um método específico que facilitava as transações comerciais e econômicas, dentro e fora do povo de Israel. Com esse propósito, estabeleceram parâmetros valorativos para cada uma das trocas comercias ocorridas entre eles.

Para que facilitasse essas transações, os judeus começaram a atribuir valor para determinados metais preciosos, como o ouro, a prata e o bronze. O que diferenciava o valor do pagamento era a quantidade e o tipo do metal aplicado. Podemos ver isso com Abraão, quando pagou 400 siclos de prata, ou seja, 480 kilos para a aquisição do terreno onde sepultaria sua esposa, Sara (Gn. 23.16). E, como vimos anteriormente, o siclo era a unidade básica para medir as transações monetárias entre os judeus.

Geralmente, os metais como ouro, prata e bronze eram fundidos e transformados em discos, barras ou em joias, como broches e anéis e, por meio de verificação, podia-se medir o seu quilate e valor. Culturalmente, os judeus carregavam esse hábito de acumular riquezas, através da transformação do ouro, prata ou bronze em joias e outros adereços. Um fato que pode atestar isso está relacionado à construção do bezerro de ouro, pelo povo judeu, narrado em Êxodo 32.4: *"Ele recebeu o ouro, derreteu-o e trabalhou nele, dando-lhe a forma de um bezerro. Quando o povo viu o bezerro, começou a exclamar: 'Ó Israel, estes são os seus deuses que o tiraram da terra do Egito!'"*.

No entanto, vemos que, com o passar do tempo, o dinheiro passou a ser utilizado de forma mais clara e cotidiana em Israel. No período do Tabernáculo, eram pagos tributos para a manutenção do lugar de adoração e da tribo de Levi, que ministrava (Dt. 14.22-27; 18.1-5).

Com o passar dos anos, na época dos juízes, não eram cobrados tributos, sendo que, somente no tempo dos reis, os judeus voltaram com a cobrança deles para a manutenção da monarquia, nos mesmos moldes dos povos próximos a Israel (I Sm. 8.15).

Com o advento dos tempos neotestamentários, atribuiu-se a um grupo de cobradores, os publicanos, a responsabilidade de exigir do povo o pagamento dos tributos. Pelo fato de serem funcionários do império romano, cobravam tributos pesados que oprimiam o povo, sendo assim, eram mal vistos e odiados, interpretados como traidores e homens de má índole.

As moedas só passaram a existir no século VII a. C., na região da Ásia Menor e, assim, os judeus passaram a perceber que elas facilitavam muito as negociações monetárias em geral, dentro de uma sociedade. Por essa razão, aderiram ao seu uso. Porém, a maior parte das moedas que usavam era de origem egípcia, grega e romana. Foi somente em 150 a.C., na época dos Macabeus, que começaram a cunhar moedas específicas pelos judeus e suas negociações monetárias. As moedas judaicas, ao invés de conter imagens de animais e dos governantes, vinham com símbolos da fé hebraica e com expressões que davam ênfase ao povo judeu. Os principais materiais utilizados para cunhar as moedas dos judeus eram a prata e bronze.

No tempo do Novo Testamento, vemos que o uso das moedas era corriqueiro, porém, somente as moedas judaicas eram aceitas para o pagamento de tributos ou algum tipo de oferenda no templo. Por essa razão, existia a presença de muitos cambistas no templo que trocavam as moedas dos outros povos pela moeda judaica, sendo que, certa ocasião, esses cambistas foram expulsos por Cristo, por realizarem transações injustas da casa do Senhor (Mt. 21.12; Mc. 11.15).

Para facilitar a compreensão das principais moedas utilizadas nos tempos do Novo Testamento, elaboramos um quadro demonstrativo.

Tabela 03: Tipos de moedas nos tempos neotestamentários.

Origem	Tipo de moeda	Referência Bíblica
Romana	Quadrante, asse, sestercios e denarius.	Mt. 10.29; 20.1-16; Lc. 10.35.
Grega	Dracmas, didracmas, estáter ou tetradracmas e mina.	Mt. 17.27; 26.15; Lc. 15.8; 19.13.
Judaica	Lepton, que significa "pequeno" ou "fino".	Mc. 12.42.

Dentre as principais moedas utilizadas pelos judeus, em suas transações monetárias, nos tempos neotestamentários, destacamos o *Denarius,* que referia-se ao salário padrão de um dia de trabalho. Além disso, temos a utilização da expressão *talento* que tem a sua equivalência em nossa cultura com a palavra fortuna, ou seja, quando alguém era considerado dono de muita fortuna, era possuidora de muitos *talentos* (Mt. 18.24; 25.14-30).

Questão para reflexão:
Pense um pouco sobre como tem sido suas atitudes diante de situações que sabe que obterá algum tipo de vantagem monetária. Como você tem agido? Como instrumento de justiça ou de destruição?

Lembre-se fomos salvos por Cristo para sermos sal da terra e luz do mundo.

CAPÍTULO 4

Os contextos urbano e rural nos tempos bíblicos

Em estudos anteriores, percebemos como os judeus pensavam o sistema de medição e de proporções, além de identificar a maneira como se relacionavam com o seu sistema monetário, que servia de base às relações comerciais e econômicas.

Para este capítulo, refletiremos sobre o contraste existente entre a vida no contexto rural e a vida no ambiente urbano, durante o período dos tempos bíblicos. Perceberemos como se deu essa mudança, de uma lógica social, totalmente marcada por elementos campesinos, para uma lógica dominada pela reconfiguração dos elementos de relações sociais nas grandes cidades de Israel.

Para tanto, será necessário pensarmos algumas categorias essenciais, tais como a mudança entre a vida nômade e a vida sedentária na grandes cidades. Identificaremos as principais características que contrastam a vida rural e urbana, bem como, quais foram as principais cidades existentes em Israel que serviram como referência para essas mudanças.

Dessa forma, dividiremos este capítulo em seis partes, que nos ajudarão a compreender bem, a maneira de se pensar essa mudanças e contrastes. Na primeira parte, estudaremos como se constituiu a vida rural na história de Israel, suas principais características e elementos de destaque. Em seguida, perceberemos como a Bíblia retrata essa vida campesina.

Na terceira parte, nos deteremos na compreensão dos principais riscos existentes à manutenção da vida rural e como eram enfrentados. Já na quarta parte, identificaremos as principais produções culturais decorrentes dessa vida campesina.

E, nas partes cinco e seis, nos debruçaremos sobre a compreensão da vida urbana, suas principais características, problemas e formas de organização.

4.1. A perspectiva rural da sociedade de Israel

a) A saída do Egito e vida nômade no deserto

A História de Israel foi marcada por uma profunda relação com a vida no campo. Desde os primeiros momentos da criação, identificamos essa ligação. Deus cria todas as coisas e coloca os seres humanos em um belo jardim. Nele, a maior atribuição feita ao homem é a de "governar" sobre a natureza e estabelecer parâmetros de zelo e manutenção para com o meio ambiente.

Assim, a História de Israel foi extremamente marcada pelo contato com a vida campesina. Mas, a constituição dessa vida rural teve seu clímax, a partir da saída do povo do Egito, quando passou a desenvolver a vida nômade pelo deserto, porém, foi somente com a chegada do povo em Canaã, que identificaram-se modelos de organização social mais complexos e uma estrutura de produção e de manutenção da vida dentro dos parâmetros de uma cidade. Até então, o que se tinha, era apenas uma junção do povo que peregrinava em busca de Canaã.

A promessa divina que daria ao povo uma terra com características extraordinárias foi repetida por várias vezes, enquanto o povo peregrinava pelo deserto. Esta promessa era o que motivava os israelitas a continuarem na peregrinação e, com a certeza de que Deus cumpriria o que tinha falado em Êxodo 3.8: *"Por isso, desci para libertá-los do poder dos egípcios e levá-los do Egito a uma terra fértil e espaçosa. É uma terra que produz leite e mel com fartura, onde hoje habitam os cananeus, os hititas, os amorreus, os ferezeus, os heveus e os jebuseus."*

b) A história de Israel e a vida campesina

Durante toda a jornada pelo deserto, o povo de Israel passou a desenvolver formas de convívio com a realidade difícil e trabalhosa que o campo exige do ser humano. Essa realidade tão característica, destacada em capítulos anteriores, nos mostra que mesmo em situações tão adversas, os judeus passaram a desenvolver técnicas que lhes ajudaram a potencializar suas colheitas, além de promover melhorias para com suas vidas.

No Antigo Testamento, a vida agrária é enfatizada em toda sua narrativa, isso porque, segundo dados estatísticos da época, estimava-se que 09 em cada 10 israelitas viviam no campo, trazendo assim, ênfase à vida rural.

c) A instalação em Canaã: a cidade que "mana leite e mel"

Como vimos a pouco, foi a promessa divina que levou o povo de Israel a peregrinar por todo o deserto, durante longos 40 anos. Foi com a chegada em Canaã que o povo pode se desenvolver dentro de uma lógica de cidade.

As cidades antigas possuíam significado e finalidade muito específicos. Elas não existiam para apenas juntar pessoas em um determinado lugar, mas, tinham o propósito de promover-lhes condições de sobrevivência, qualidade de vida e maior segurança contra inimigos externos e possíveis problemas ligados à natureza.

Com Israel não foi diferente. Foi em Canaã que o povo passou a potencializar sua produção agrícola e pecuária, além de ter condições de ter melhores condições de vida, de produção e manutenção de sua cultura e religiosidade, marcas caraterísticas de um povo que tem uma vasta e rica produção cultural, econômica e religiosa.

4.2. A vida rural retratada na Bíblia

A vida rural pode ser identificada durante toda a narrativa bíblica, no entanto, destaca-se no Antigo Testamento, pois nele, a significativa parte da vida cotidiana do povo de Israel foi enfatizada na lógica campesina. No Novo Testamento, identificaremos mudança nas condições de vida, porém, ainda com hábitos ligados à vida do campo.

Como exemplo, destacamos três fatos da história bíblica que ilustram bem a vida rural. A primeira delas, refere-se ao romance vivenciado por Salomão e Sulamita, descrito no livro de Cantares 1.6-8. Por todo esse trecho, identificam-se elementos textuais que fazem referência à vida campesina. O contato com a natureza que faz escurecer a pele (*"o sol me escureceu a pele"*); o cuidado que o lavrador deve ter com suas plantações: *"me obrigaram a cuidar de seus vinhedos"*; a menção que o sábio faz ao pastor que cuida de seus rebanhos: *"Onde fará suas ovelhas descansarem ao meio-dia?"*, *"leve seus cabritos para pastar junto às tendas dos pastores."*

Outro fato que ilustra muito bem essa vida rural é a história vivenciada por Rute. Durante toda a narrativa do livro que traz seu nome por título, encontramos referência que nos levam a perceber a ligação com a vida no campo. Nos versos do capítulo 2.1-7, destacam-se como a vida no campo fora marcada por um profundo desgaste devido às condições de vida. Já nos versos 8-23, observa-se como a simplicidade e generosidade são características e essência da vida dos que tem o campo como lugar de vida. E, em todo o livro, percebe-se que Deus, em meio a um contexto de limitações, dificuldades e sofrimentos, não abandona os que O seguem com fé e dedicação, derramando-lhes Sua providência, concedendo-lhes abundância de bens e de suprimentos.

Na narrativa do Novo Testamento, apresenta-se a parábola do filho pródigo, que destaca as principais características do contexto rural. A riqueza nesse contexto é demonstrada, não por acúmulo de materiais preciosos, mas pela quantidade de animais, extensões de terra e de propriedades. Também, observa-se como as relações familiares eram marcadas por fortes tradições e por uma lógica de proximidade acentuada entre os indivíduos.

4.3. A vida no campo: riscos e soluções

Como afirmou-se anteriormente, a vida no campo possui peculiaridades, sendo uma delas, a marca de ser um lugar de muitas dificuldades. Nesse contexto essas dificuldades ocorrem frente às condições precárias de vida, impostas aos indivíduos, por fatores de desenvolvimento humano e de condições climáticas e geográficas, fazendo com que seja necessário buscar mecanismos que dêem a eles, condições mínimas para a realização de atividades produtivas e de trabalho, atividades essas que podem ser ilustradas pela preparação do solo, plantação, colheita, cuidado com os animais, pesca, entre outros.

Além dessas condições como problemas primários, destacam-se os decorrentes dos fenômenos naturais: tempestades, seca, insetos, dentre outros, assim como a possibilidade de ataque de animais selvagens. Todas essas condições demonstravam a clara vulnerabilidade que existia na vida rural.

Essa vulnerabilidade fez com que os judeus passassem a ser mais sensíveis a um tipo de espiritualidade que compreendesse que Deus é aquele que sustenta e protege o povo constantemente. Cada judeu deveria desenvolver o hábito de confiar no Senhor e não nas suas próprias possibilidades de proteção e segurança.

Nesse contexto, Deus se apresentou como O sustentador de todo o povo e, por isso, todos os esforços seriam válidos, se confiassem Nele, com todas as suas forças, crendo que somente Ele poderia guardá-los no dia mal: *"Ela não entende que tudo que tem foi dado por mim: o trigo, o vinho novo, o azeite. Dei-lhe até mesmo prata e ouro, mas ela ofereceu meus presentes a Baal"* (Os. 2.8).

4.4. A produção cultural e artística no campo

Quando pensamos em produção cultural, temos que ter em mente uma compreensão muito ampla acerca dos diversos elementos que os indivíduos podem produzir dentro de um determinado contexto. Esses elementos podem ser de ordem material, como estátuas, ferramentas, instrumentos, bem como, obras de artes: jarros, telas e esculturas. No entanto, podem, também, ser de ordem não-material, ou seja, literatura, músicas, crenças, danças, poesia, dentre outras coisas.

O período da história do povo de Israel no contexto rural foi marcado por uma acentuada produção cultural, tanto em elementos materiais da cultura, quanto em elementos não-materiais. No que se refere às artes, nota-se que o povo teve restrição, por conta de impedimento demarcado pela Lei Mosaica, que exigia cautela na produção de símbolos ou imagens pintadas de seres naturais ou sobrenaturais, para que não se desenvolvesse a idolatria.

No entanto, outras áreas foram favorecidas, como foi o caso da música. A cultura judaica era extremamente musicalizada e, por isso, constata-se a presença da poesia e do canto em várias situações da vida de Israel. Pode-se perceber a influência das músicas cantadas, tanto para o ensino da História, como de outras instruções ao povo de Deus.

Dentro do contexto da literatura, reitera-se que os judeus preocupavam-se com a produção e seu registro. Mesmo ligada à literatura religiosa, os estilos literários possuíam conexão direta à religião, para registro de um fato ou, ainda, para a exaltação de Deus, pelos seus fatos gloriosos.

Os principais materiais utilizados eram o papiro, feito a partir de uma flor aquática e, o pergaminho, produzido através do tratamento da pele de cabrito. Nesses materiais eram feitos os registros do povo e os principais ensinamentos morais para o futuro.

Um fator importante nessa produção cultural residia no fato de Jesus utilizar-se de elementos simples do cotidiano agrário, do contato com os animais e com a natureza, para ensinar aos mais pobres acerca dos valores do seu Reino e das questões importantes à vida humana. Era uma linguagem simples e acessível a todos, atendendo desde as camadas mais altas da sociedade judaica, às mais simples, paupérrimas de Israel.

4.5. A perspectiva urbana da sociedade de Israel

As cidades surgem, na História antiga, a partir do momento em que os povos passaram a ter hábitos ligados ao sedentarismo. Além disso, foram motivados por questões de proteção ao povo, segurança contra ameaças externas e, ainda, na promoção de maior bem estar às pessoas de uma nação.

Assim que as cidades começaram a se organizar, áreas como o comércio, administração pública e a religiosidade tiveram espaço garantido nas dinâmicas da vida cotidiana, quer seja para a melhoria na infraestrutura e manutenção dos espaços pelos gestores públicos, para favorecimento e o aumento da comercialização interna e externa com outras cidades, na compra e venda de mercadorias, e na melhora do saneamento básico, como forma de facilitar o acesso à agua potável para os cidadãos.

Mas, com o crescimento das cidades, atrelado a ele, aumentam problemas que podem ser considerados peculiares ao ambiente urbano. Com a expansão das cidades, houve maior concentração do número de pessoas, exigindo que se crieassem formas específicas para o convívio e a manutenção da paz entre os indivíduos, surgindo assim, a necessidade da existência de leis mais rígidas para que fossem reguladas as ações dos indivíduos, a fim de que direitos individuais não fossem violados.

No entanto, é necessário destacar que toda essa lógica nos tempos bíblicos era muito rudimentar e, o aparato da justiça nessas cidades, falho, surgindo a necessidade de se criar mecanismos mais eficientes para o controle de crimes, principalmente, os homicídios.

O afrouxamento moral fez com que os grandes centros urbanos dos tempos bíblicos fossem conhecidos como lugares marcados pela promiscuidade e pela luxúria, além de terem alta quantidade de violência e de desigualdade.

4.6. O caráter político e administrativo das cidades

Como afirmado anteriormente, as cidades tinham uma estrutura básica de administração pública, da religião e da justiça. Há cidades que se destacaram na narrativa bíblica. Isso não significa que as demais não tinham sua importância, porém, escolheu-se as que exemplificam como a lógica urbana se constituía na Bíblia. Observar-se-ão Canaã, Siquém, Betel, Hebrom e Jerusalém. Além delas, trataremos da especificidade que tinham as cidades-refúgio, para os casos dos homicidas.

Canaã foi citada anteriormente, quando referiu-se ao início da formação urbana de Israel. Seguindo, podemos elencar os casos ocorridos em Siquém, cidade que ganhou relevância por ser o local de residência de sacerdotes, bem como por ser uma das cidades-refúgio de Israel.

Além dela, temos a cidade de Betel, destacada por ser o lugar em que patriarcas, como Abraão e Jacó, tiveram experiências marcantes com Deus (Gn. 12.8; 13.3; 28.18-22). Hebrom carregou consigo parte da história patriarcal de Israel, pois, em seu solo, estavam os restos mortais de Abraão e sua esposa Sara (Gn. 13.18; 23.2, 19; 35.27; 37.14).

Tornam-se fundamentais para a estrutura de justiça do povo de Israel, a constituição das cidades-refúgio. Elas tinham como propósito promover a proteção para todos os que fossem acusados de homicídio, até que fossem julgados (Dt. 19.4), e foram constituídas a partir da Lei Mosaica: *"Por isso, ordeno que separem três cidades de refúgio"* (Dt.19.7). Eram formadas por dois grupos de cidades, locais de moradia de sacerdotes (Js. 20.1-9). No lado ocidental: Cades, Siquém e Hebrom, ao passo que, do lado oriental: Bezer, Ramote e Golã.

Por fim, cita-se Jerusalém, cidade de tamanha importância, não somente no Antigo, como também no Novo Testamento, para o desenvolvimento de toda a história da Salvação e cumprimento do plano de Deus para a humanidade. Essa importância dá-se por fatores políticos, econômicos e religiosos. Acerca dos aspectos políticos, Jerusalém sediava a lógica da administração pública de todo Israel, além de desenvolver e manter relações internacionais com outras nações.

No que se refere as questões da ordem econômica, mantinha-se como a sede, não somente política, mas, também, econômica de Israel. Era, a partir dela, que as grandes negociações comerciais com outros povos se desenvolviam.

No aspecto religioso, encontra-se seu maior destaque. Foi através dela que se fortaleceu toda a estrutura da religião em Israel. Era em direção a ela que os aflitos deveriam realizar suas orações, pois nela estava o grande templo de Salomão, e, por isso, era o referencial do culto religioso e para as demais práticas religiosas da nação israelita (Sl. 137.1-6).

Jerusalém tornou-se a cidade que liga as realidades do Antigo e do Novo Testamento, por ser ela a que comporta o povo e o culto ao Deus único e verdadeiro e, especialmente, por ser a imagem daquilo que todo salvo do mundo inteiro aguarda ansioso: A SANTA CIDADE – A NOVA JERUSALÉM! E, nessa visão escatológica, aguardamos o retorno glorioso de Jesus, para vivermos junto a Ele, em Sua gloriosa cidade, como nos é relatado em Apocalipse 21.2: *"E vi a cidade santa, a nova Jerusalém, que descia do céu, da parte de Deus, como uma noiva belamente vestida para seu marido."*

Questão para reflexão:

Pensando sobre a vida no campo e na cidade, nota-se que, nesses dois contextos, Deus é figura fundamental para a nossa manutenção e para que haja justiça para todos. Identifique formas sobre como a sua comunidade local pode agir para ser esse canal de bênçãos para a sua cidade, quer seja na região rural ou urbana.

CAPÍTULO 5

Línguas, linguagens e comunicação

Durante toda essa unidade de estudo, identificamos elementos que podem ser considerados como essenciais para a compreensão de como se desenvolvia a vida cotidiana do povo de Israel. Aprendemos sobre as formas de moradia e pensamento acerca do tempo e de várias tecnologias aplicadas ao dia a dia, até chegarmos à percepção do contraste entre o contexto rural, marca característica do povo de Israel, e o contexto urbano, bem percebido nas narrativas do Antigo e Novo Testamentos.

Para o fechamento dos estudos dessa unidade, escolhemos o debate sociocultural acerca do uso das línguas dentro da sociedade judaica. Assim, nesse capítulo, nos deteremos a compreender os principais idiomas utilizados pelo povo de Israel, ao longo da narrativa bíblica. E, a partir disso, compreenderemos melhor a forma como se pensava e como as coisas eram nomeadas dentro do contexto cultural dos judeus.

Para os estudos culturais, a compreensão da língua de um povo é fundamental para que se possa compreender melhor as estruturas do pensamento e dos diversos significados atribuídos às coisas e às funções que os indivíduos desempenham dentro de uma sociedade específica. Dessa forma, é fundamental ir a fundo nesses estudos que envolvem a língua e a cultura de um povo.

Para isso, dividiremos esse capítulo da seguinte maneira: na primeira parte, perceberemos a relação existente entre as línguas e a Bíblia, demonstrando qual a percepção bíblica sobre o uso delas para a comunicação das verdades e princípios divinos. Em seguida, nos deteremos a compreender um pouco sobre o papel e a função sociocultural da língua hebraica dentro da estrutura religiosa e cotidianado povo de Israel.

Na sequência, abordaremos a influência da língua aramaica como forma de comunicação dos que eram mais simples. Após, a língua grega, demonstrando contraste, por ser o idioma dos intelectuais e filósofos da época. E, por fim, a visão acerca da língua latina, por ser comercial e política do Império Romano.

5.1. A perspectiva bíblica acerca da línguas

A Bíblia, como livro direcionado por Deus para os seres humanos, foi escrita a partir do empenho de mais de 40 autores diferentes, que viveram em épocas diferentes. A maneira de ser escrito um livro que comunicasse as verdades divinas à sociedade humana, demonstra a preocupação de Deus em se relacionar com essa humanidade.

No livro de Gênesis, a discussão acerca das línguas que os seres humanos passaram a utilizar, iniciou com o conflito travado entre os povos e em oposição a uma determinação divina, a de se "espalhar pela terra", após o dilúvio. Conhecemos esse momento de crise entre os povos que passaram a povoar a terra de conflito da *'Torre de Babel'* (Gn. 11.1-8).

Nesse evento, vemos que Deus cumpriu o propósito de espalhar os povos pela Terra, através de uma difusão de línguas diferentes, na Torre de Babel: *"'Vejam!', disse o Senhor. 'Todos se uniram e falam a mesma língua. Se isto é o começo do que fazem, nada do que se propuserem a fazer daqui em diante lhes será impossível. Venham, vamos descer e confundí-los com línguas diferentes, para que não consigam mais entender uns aos outros'"* (Gn. 11.6, 7).

No decurso do tempo, Israel tinha como idioma o hebraico, que sofreu algumas interferências na sua constituição linguistica, por conta da influência de outros povos que passaram a se relacionar com os israelitas. Portanto, ao longo da história, o hebraico foi sua língua usual e oficial, por muitos anos, até o tempo do Cativeiro Babilônico, sendo o Aramaico, em seguida, acrescido ao cotidiano pelos mais simples e usado por Jesus, em seus ensinos entre os mais pobres da sociedade.

Com a helenização, a partir de 323 a.C., o grego passou a ser amplamente difundido e, nos tempos do Novo Testamento, seus autores dele se utilizaram, assim como também era falado nas transações internacionais dentro do Império. O grego era tão comum nos primeiros anos da Igreja, que alguns judeus eram reconhecidos como "judeus de fala grega", como nos informa Atos 6.1: *"À medida que o número de discípulos crescia, surgiam murmúrios de descontentamento. Os **judeus de fala grega** se queixavam dos de fala hebraica, dizendo que suas viúvas estavam sendo negligenciadas na distribuição diária de alimento."* (grifo nosso).

Com o domínio do Império Romano, a língua mais comum para o ensino, discurso e negociações comercias foi o Latim, sendo utilizada em trechos dos Evangelhos, como no caso de João 19.20, que retrata o ato da crucificação de Jesus, quando foi colocado na cruz de Cristo a sua sentença de condenação: *"O lugar onde Jesus foi crucificado ficava perto da cidade, e a placa estava escrita em aramaico, **latim** e grego, de modo que muitos judeus podiam ler a inscrição."* (grifo nosso).

No texto do evangelho de João, destacam-se os três idiomas mais comuns dos tempos de Cristo: o aramaico, a língua dos mais simples; o grego koinê (comum, vulgar), utilizado no Novo Testamento e também em todo o Império Romano primitivo, inclusive nas relações comerciais em todo o Império e, por fim, o latim, que tinha seu lugar entre os romanos de Roma, ganhando força no Império Romano, a partir do II século d.C. . Essa escolha se deu com o propósito de que a sentença do mestre Jesus fosse conhecida pelos povos mais distintos que existiam em Israel, assim como, para poder alcançar a maior quantidade de indivíduos que viviam naquele tempo.

5.2. O Hebraico como língua da religião do povo

A língua hebraica é considerada uma língua de origem semita, pois está junto a outras línguas do povo de Sem. Os povos semitas habitavam a região do antigo Oriente Médio, que se estendia desde o Mar Mediterrâneo, até o Mar Índico.

A língua hebraica teve sua constituição a partir da relação existente entre a língua trazida por Abraão e a forte influência dos dialetos utilizados em Canaã, no tempo do estabelecimento do povo judeu nessa terra. Assim, durante todo esse trajeto do povo, do Egito até Canaã, vimos a formação da língua hebraica que chegou aos nossos dias. Sendo esse, o idioma utilizado pelos israelitas até o período do Cativeiro Babilônico.

Fonte: https://www.deldebbio.com.br/o-alfabeto-hebraico/

Durante um período de mais ou menos cinquenta anos, referentes ao cativeiro babilônico, o hebraico ficou em desuso entre os judeus. Quando o hebraico voltou a ser utilizado como língua corrente dos israelenses, após o Cativeiro, sofreu influências do aramaico.

No período do Antigo Testamento, o hebraico serviu de base para a composição dos seus livros. Nos tempos do Novo testamento, foi utilizado em rituais religiosos para a demonstração de santidade, pureza e dedicação ao divino. Essa foi uma das marcas do uso do hebraico pelos judeus, idioma constituído para as relações com a religião e a religiosidade do povo.

A língua hebraica pode ser estruturada em 22 letras, sendo todas consoantes, dando-lhe um caráter específico em sua fala e escrita. Sua escrita está no padrão quadrático, ou seja, cada uma de suas letras é representada, na maioria das formas, com um formato quadrado de escrita, além de ser grafada da direita para a esquerda, comum a muitas outras línguas de origem semita.

5.3. O Aramaico como a língua das camadas mais pobres e simples

A principal característica do aramaico era sua simplicidade, sendo utilizado pelos mais pobres e simples da sociedade judaica nos tempos bíblicos. Isso se dava, pelo fato de possuir uma estrutura de fala e escrita muito mais simples do que o Hebraico e demais dialetos comuns em Israel.

O aramaico é uma língua com registros de origem do Sudeste da Ásia, no século XIV a. C., com registros datados no período de dominação assíria, que vai de 539-331 a. C., além de ser considerada uma língua de preferência comercial, tanto para negócios como para referência a pesos e medidas.

Foi a língua adotada pelos judeus, para uso durante o período do exílio babilônico, percebendo, assim, como a cultura judaica passou a ser influenciada por essa língua. Há registros bíblicos em aramaico, tais como: Dn. 2.4; 7.28; Ed. 4.8; 6.18; 7.12-26 e Jr. 10.15.

Com o estabelecimento do Cristianismo na região de Israel, identificou-se que o aramaico passou a ser a língua usual em Israel, sendo necessária a utilização de intérpretes na sinagogas, para traduzir as interpretações da Lei para o povo. Esse fato reforça o peso da influência dessa língua, na cultura e cotidiano do povo judeu.

Fonte: http://idiomaaramaico.blogspot.com/

Jesus faz vários usos da língua aramaica em suas pregações e ensinamentos. Pode-se exemplificar algumas delas, citando as mais comuns: *"abba"*, *"Gólgota"*, *"mamon"*, *"talita cumi"* e *"eloi, eloi, lammá sabactani"*. Além disso, percebe-se algumas variações linguísticas utilidas no Novo Testamento, que atestam a influência do aramaico, no uso do hebraico, como no caso de Pedro em Mateus 26.73: *"Pouco depois, alguns dos outros ali presentes vieram a Pedro e disseram: 'Você deve ser um deles; percebemos pelo seu sotaque galileu'"*.

5.4. O Grego como língua dos intelectuais e filósofos

O grego teve sua origem entre os povos fenícios, cerca de 2.000 anos a.C., porém, foi somente no período de Alexandre, o Grande, que a língua grega passou a ser referência para vários povos. Esse período de profunda influência da cultura grega sobre os demais povos da antiguidade é denominada pelos historiadores de período helenista ou, processo de helenização.

Foi esse processo que fez com que a cultura judaica fosse afetada pela cultura grega e, de certa forma, foram obrigados a fazer uso da língua na religião e nos debates teológicos.

Dessa forma, surgiu a necessidade de se criar uma versão grega do Novo Testamento, que passou a ter cópias totalmente em grego. Posteriormente, formou-se uma versão grega do Antigo Testamento, denominada de Septuaginta.

Pronúncia	Minúscula	Maiúscula	Pronúncia	Minúscula	Maiúscula
alfa	α	A	ni	ν	N
beta	β	B	ksi	ξ	Ξ
gama	γ	Γ	omícron	o	O
delta	δ	Δ	pi	π	Π
épsilon	ε	E	rho	ρ	P
dzeta	ζ	Z	sigma	σ	Σ
eta	η	H	tau	τ	T
teta	θ	Θ	upsilon	υ	Y
iota	ι	I	phi	φ	Φ
capa	κ	K	khi	χ	X
lâmbda	λ	Λ	psi	ψ	Ψ
mi	μ	M	ômega	ω	Ω

Fonte: http://www.invivo.fiocruz.br/

Na versão do Novo Testamento, utilizou-se o grego "Koine", reconhecido por ser uma versão mais simples da língua, bem como utilizada pelas camadas mais simples da sociedade. No entanto, isso não significa dizer que o grego perdeu seu elemento elitizado e intelectual. Somente na elite se estudava os clássicos e filosofia, bem como o grego clássico. O koinê não era uma forma simplificada por parte dos judeus, mas em todo o Império de Alexandre e, consequentemente, de Roma. No Novo Testamento, temos autores que apresentam um grego sofisticado, que se aproxima do grego ático (Lucas/Atos e Hebreus). Os demais apresentam nível comum da língua (koinê). No texto neotestamentário, há algumas ocorrências que demonstram esse caráter filosófico e reflexivo, principalmente pelo uso da língua que o apóstolo Paulo fez, ao construir sua teologia.

5.5. O Latim como a língua dos processos administrativos e jurídicos

Por fim, destaca-se o uso e a importância do latim para a cultura judaica e para a construção do cotidiano do povo de Israel nos tempos bíblicos.

O Latim tem sua origem na região central da península itálica e era usado pelos antigos romanos. Com a expansão do Império Romano, a língua latina e a cultura romana passaram a influenciar povos dominados, dentre eles, o povo de Israel.

Juntamente com o grego Koinê, comparado ao inglês dos nossos dias, por ser uma língua universal, o latim passou a ser usado para negociações econômicas e comerciais, dentro e fora do Império Romano. O uso mais comum do latim dava-se nas relações administrativas e nas reflexões e práticas jurídicas. Esse fato pode ser ilustrado no diálogo travado entre Pilatos e Jesus, por ocasião de sua crucificação, em João 9.19, 20: *"Pilatos colocou no alto da cruz uma placa que dizia: Jesus, o nazareno, Rei dos judeus'. O lugar onde Jesus foi crucificado ficava perto da cidade, e a placa estava escrita em aramaico, latim e grego, de modo que muitos judeus podiam ler a inscrição."*

Dessa forma, observa-se que o latim, contribuiu e influenciou o povo judeu, bem como serviu para a construção da estrutura do direito moderno, a partir do direito romano, ainda presente na formação jurídica de muitos países contemporâneos.

Questão para reflexão:

A compreensão da língua de um povo nos ajuda a entender, não somente como comunicam, mas como pensam o mundo ao seu redor e como atribuem significado às suas relações, rituais e comportamentos. Como a compreensão das línguas bíblicas pode nos ajudar a interpretá-la e, assim, perceber a revelação de Deus para o povo de Israel?

ASPECTOS SOCIOECONÔMICOS DO POVO DE ISREAL

Depois de passarmos por vários estudos sobre a cultura e a vida cotidiana do povo de Israel, chegamos ao último capítulo deste livro que deter-se-á em compreender um pouco mais desta fascinante nação, que traz em suas pisadas, as marcas da manifestação do Deus Criador que, por livre vontade, quis escolher um povo para si e teve Israel como o primeiro dentre as nações, para revelar sua vontade e princípios.

Nessa unidade, focaremos três aspectos importantes: econômicos, sociais e religiosos. No capítulo 01, constatar-se-á a importância que Deus deu ao trabalho, enquanto atividade produtiva e de valorização do que Ele mesmo criou. No capítulo 02, estudar-se-á as principais formas de lazer que existiam em Israel e, com isso, procurar-se-á identificar quais eram as principais brincadeiras e como os cidadãos judeus aproveitavam o tempo livre.

Dando sequência, no capútulo 03, verificar-se-á os aspectos sociais relacionados aos principais grupos e classes sociais existentes em Israel. Quais eram os principais personagens sociais e suas funções dentro do contexto de Israel? Como se relacionavam e como estabeleciam conflitos por espaço e reconhecimento social? Verificar-se-á que, entre os judeus, também existiam problemas sociais ligados à discriminação e preconceitos, no tocante a posições sociais e a grupos específicos.

Por fim, no capítulo 04, compreender-se-á um pouco mais sobre os elementos relacionados à forma como a vida religiosa em Israel fora organizada e pensada em seus detalhes. Serão apresentados elementos ainda não mencionados e que estavam diretamente relacionados ao culto como maior forma de expressão do povo de Israel em relação a Deus.

Espera-se que essa unidade traga maior enriquecimento e compreensão acerca da Bíblia e da história do povo de Israel, além de produzir profunda edificação pelas verdades e princípios divinos contidos, não só neste capítulo, mas em todo o livro.

CAPÍTULO 1

O trabalho como benção divina

Desde a criação do homem, Deus estabeleceu que a prática do trabalho passaria a fazer parte da vida humana. A atividade do homem em busca de recursos para a sua subsistência é uma característica primordial que faz com que o ser humano, seja humano.

Dessa forma, discutiremos neste capítulo, os principais elementos que constituem com profunda relevância a atividade do trabalho, tanto para Deus, como para o ser humano. Questões como: Por que o trabalho é visto, por muitos, como algo ruim? Se Deus é bom, por que o trabalho traz dor e sofrimento? Como o trabalho pode ser enxergado como algo bom, se promove a exploração de outras pessoas?

Durante todo o capitulo, buscaremos esclarecer cada uma dessas questões promovendo, mediante a narrativa bíblica, aplicações que tragam edificação e aprendizado.

Para isso, dividiremos o capitulo em três partes: na primeira, discorreremos sobre a perspectiva bíblica do trabalho. Na segunda parte, discutiremos a função social das profissões no contexto do povo de Israel e, por fim, enfocaremos as principais profissões existentes em Israel e suas principais funções e habilidades na prática da atividade produtiva. Ainda nessa última parte, destacaremos os aspectos sociais ligados a cada uma dessas profissões.

1.1. A perspectiva bíblica acerca do trabalho

Como afirmamos anteriormente, o trabalho é uma atividade criada por Deus para trazer o bem estar e a sobrevivência do ser humano em sua coletividade. Deus estabeleceu que o trabalho seria a manifestação de sua provisão na vida humana, sendo ele desenvolvido pelo homem como função de cuidar de si mesmo, de sua família e da natureza criada.

Assim, podemos perceber que o trabalho é referido na narrativa bíblica desde o Jardim do Éden, quando Adão foi criado por Deus e recebeu dEle, a tarefa divina de nomear todos os animais existentes no jardim: *"O Senhor Deus formou da terra todos os animais selvagens e todas as aves do céu. Trouxe-os ao homem para ver como os chamaria, e o homem escolheu um nome para cada um deles. Deu nome a todos os animais domésticos, a todas as aves do céu e a todos os animais selvagens."* (Gn 2.19,20).

Nesse trecho, notamos como Deus atribuiu atividade produtiva, com a finalidade de potencializar aquilo que existe nos seres humanos, que é a capacidade criativa e racional. Essa capacidade se liga diretamente à ideia do *Imago Dei*, ou seja, a Imagem de Deus no homem, como forma de dar forte ênfase à relação entre Deus e o ser humano.

No entanto, podemos perceber que, logo após a queda, o pecado passou a manchar essa imagem de Deus no homem, corrompendo a lógica do trabalho, trazendo-lhe profunda dificuldade, enfado e sofrimento na atividade do trabalho. Vejamos o que diz o texto de Gênesis 3.17-19:

> *E ao homem ele disse: "Uma vez que você deu ouvidos à sua mulher e comeu da árvore cujo fruto ordenei que não comesse, maldita é a terra por sua causa; por toda a vida, terá muito trabalho para tirar da terra seu sustento. Ela produzirá espinhos e ervas daninhas, mas você comerá de seus frutos e grãos. Com o suor do rosto você obterá alimento, até que volte à terra da qual foi formado. Pois você foi feito do pó, e ao pó voltará".*

Percebamos que o texto traz, para a atividade do trabalho, dor e sofrimento, ocasionados pela ação do pecado na história humana. A partir desse evento, a atividade humana para a produção de bens, para o suprimento de necessidades, passou a organizar-se na história humana.

Durante a narrativa bíblica é possível notar que a atividade do trabalho desenvolveu-se em torno de ações relacionadas à agricultura e pecuária. Essas duas atividades tornaram-se fortes, devido às condições geográficas e climáticas de Israel, favorecidas nos tempos bíblicos. Por essa razão, podemos identificar diversas dessas atividades narradas nos textos bíblicos, tais como: plantação, colheita de frutos, cultivo de vinhedos, criação de animais, dentre outros.

Vemos que o texto bíblico dará ênfase significativa à atividade produtiva do trabalho, estabelecendo que ele traz benefícios para o ser humano (II Tm. 2.6), além de estabelecer princípios norteadores para o desenvolvimento das atividades trabalhistas (Êx. 20.9; II Ts. 3.10) e para as relações entre patrão e empregado (Ef. 6.5-9).

Em várias passagens bíblicas, destacam-se determinadas profissões no exercício do trabalho. Podemos exemplificar, através de Abraão, Jacó e Davi, que foram pastores; Paulo, um feitor de tendas; Pedro, pescador e, o próprio Senhor Jesus, um carpinteiro. Cada uma dessas profissões teve uma forte ligação com a realidade e o cotidiano do povo de Israel, pois retratava um contexto marcado por uma lógica campesina e agrária.

1.2. A função social das profissões na sociedade de Israel

Como vimos anteriormente, a atividade do trabalho era desenvolvida por Adão bem antes da queda, assim, entende-se que o trabalho é uma atividade que está dentro do projeto divino para a humanidade. Vimos, ainda, que o pecado trouxe consequências para o trabalho, tornando-o enfadonho e sofrido, para que o ser humano pudesse encontrar o suprimento de suas necessidades.

Desta forma, percebemos que as profissões passaram a ser identificadas no texto bíblico, ainda no livro de Genesis, a partir de Abraão. A partir dele, acreditam os estudiosos do Antigo Testamento, que o povo de Israel passou a acumular, ao longo do tempo, muitas informações sobre diversas atividades profissionais.

Eles passaram pelo Egito, peregrinaram pelo deserto e, pode ser provável que, durante todo esse período, passaram a acumular informações e a especializarem-se em diversas atividades, como podemos identificar na narrativa do Tabernáculo. Lá, nos deparamos com pessoas especializadas em artes e que ganharam destaque (Êx. 31-1-11).

Todavia, somente em Canaã, encontramos formas específicas e institucionalizadas de trabalho, quando os israelitas passaram a estabelecer moradias e a desenvolver técnicas específicas para a promoção do bem estar na terra que passou a ser morada deles. Assim, identificamos a organização de profissões que sempre estavam ligadas a uma lógica de organização familiar.

Somente com o estabelecimento da Monarquia em Israel que observou-se o surgimento de outras atividades que serviam aos interesses da corte e, com isso, estabeleceram-se atividades específicas, promovendo ao povo a possibilidade de desenvolverem outras formas produtivas. No entanto, essas atividades não se restringiam aos cuidados com a família real, mas ampliavam-se para atividades de comércio local e internacional entre os reinos.

Assim, constata-se que fora estabelecido nos tempos bíblicos a ideia de que a atividade profissional estava diretamente relacionada a um grupo familiar, ou seja, vamos encontrar durante toda a narrativa bíblica, famílias dedicadas à produção de algo ou, ainda, na prestação de serviços específicos. Em determinada região, por exemplo, onde a pesca era abundante, encontrava-se uma família de especialistas em pesca. Da mesma forma, em lugares onde havia abundância de criação de ovelhas, favorecia-se o estabelecimento de família de pastores ou, até mesmo, de famílias de agricultores.

Assim, através da descrição de atividades, localizadas geograficamente e, mediante o nível de recursos disponíveis à constituição de profissões, foi-se adquirindo significado de maior ou menor prestígio social, percebendo assim, como os indivíduos eram reconhecidos em sua região ou em todo o Israel.

1.3. Principais tipos de profissões na sociedade judaica

As atividades profissionais em Israel eram definidas a partir de sua relação com a lógica geográfica, ou seja, existiam profissões voltadas ao campo e, outras, direcionadas à região litorânea.

Para isso, perceberemos cada uma delas, destacando suas principais funções sociais e como eram percebidas na vida social do povo de Israel.

a) Agricultor.

A profissão de agricultor, muito desprezada em nossos dias, era bem reconhecida e respeitada nos tempos bíblicos. Isso se dava porque as terras de Israel eram razoavelmente propícias para a agricultura, sendo considerados bons agricultores, aqueles que conseguiam vencer as adversidades impostas pelo clima que, muitas vezes, era seco, bem como a terra, que precisava de adequações.

Para o desempenho de sua função, o agricultor deveria desenvolver a ampliação de técnicas específicas para a melhor fertilização do solo e adequação de novas ferramentas para o cultivo. Um das ferramentas mais comuns e que exigia muita destreza por parte dos agricultores era o arado.

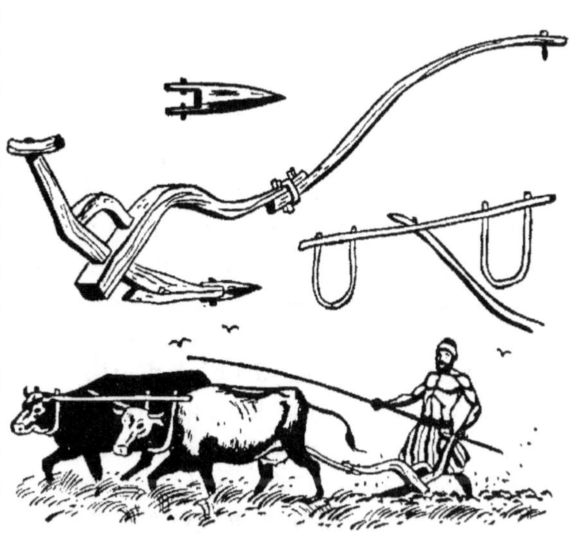

Essa ferramenta possuía um formato em "T" e ficava preso às costas do boi. O arado possuía o objetivo de revolver a terra para facilitar a semeadura. Para que a sua utilização fosse otimizada, o agricultor deveria manter firme a sua direção e sempre estar atento, olhando para a direção da frente. Caso se distraísse, poderia comprometer todo o seu trabalho.

Por causa desse fato, Jesus ilustrou sua pregação nos evangelho afirmando que *"Quem põe a mão no arado e olha para trás não está apto para o reino de Deus"*. (Lc. 9.62).

A atividade do agricultor não era fácil, antes, era marcada por muitas dificuldades. Por isso, os hábeis eram mais respeitados. Eles deveriam ser habilidosos no manuseio de suas ferramentas, no entanto, tinham que perceber as possibilidades de prejuízos que as questões climáticas ou de pragas poderiam causar às plantações.

Dessa forma, era forte no agricultor, a crença de que sua atividade dependia muito da provisão divina, que lhe daria êxito no fim de suas atividades. Acreditavam que todo o trabalho seria positivo somente se houvesse uma intervenção divina, protegendo a plantação, dando-lhe a benção de poder colher os seus frutos. Esta era a fase da atividade do agricultor mais festiva, marcada por muita celebração e festas.

b) Pastor de ovelhas.

Assim como a profissão de agricultor, a de pastor de ovelhas era muito prestigiada pelo povo israelita. Como a região de Israel era marcada por características campesinas, existiam muitos rebanhos e, com isso, muitos pastores, para cuidar da enorme população de ovelhas. Devido a esse fato, muitos textos bíblicos referenciam grandes rebanhos e inspirou o Rei Davi, que foi pastor de ovelhas, a compor o salmo 23, retratando o cuidado de Deus para com o seu povo, sendo o seu pastor.

As famílias israelitas se estabelecerem em Canaã. Eram um povo nômade, que peregrinava, levando rebanhos de ovelhas. Depois que se firmaram em cidades, continuaram com a prática da criação de ovelhas. Um das funções do pastor de ovelhas era cuidar do rebanho,competindo-lhe a preocupação com a alimentação e com a segurança, para que nenhum animal selvagem pudesse ferí-las ou matá-las.

Um fato como esse foi narrado por Davi, em I Samuel 17.34, quando um leão tentou matar uma das ovelhas de seu rebanho e ele, corajosamente, a protegeu. Essa figura do pastor que cuida das ovelhas foi utilizada por Jesus, nos Evangelhos, quando afirmou que era o *"bom pastor, que dá a vida por suas ovelhas"* (Jo. 10).

Além disso, competia ao pastor, dar orientações às ovelhas, quando eram conduzidas para a beira do rio, para que pudessem beber água ou, para o pasto, a fim de se alimentar. O pastor utilizava de sua própria voz para guiar o rebanho ou, de um cajado, para conduzí-las pelo caminho. Assim, era possível para as ovelhas reconhecerem a voz de seu pastor, mesmo que outros pastores estivessem próximos, chamando outros rebanhos; a verdadeira ovelha reconhecia a voz de seu pastor.

Como citamos, as ferramentas de trabalho do pastor eram o cajado e o alforje. O cajado era um pedaço de madeira que dava ao pastor condições de se locomover em lugares muito íngremes e, também, servia para dar direcionamento às ovelhas. No caso do alforje, era uma bolsa de couro que armazenava seu alimento para o dia de trabalho.

c) Pescador.

É no Novo Testamento que se concentra a maior parte das citações e referências bíblicas ligadas à profissão de pescador. Podemos identificar uma forte contribuição dos Evangelhos. Assim, acredita-se que a região de Israel nos tempos neotestamentários foi muito favorecida pela atividade da pesca.

O pescador era um profissional que deveria ter profunda disciplina e inteligência emocional para que pudesse passar grande período de tempo sozinho no mar. Além disso, deveria ser corajoso para enfrentar as interpéries que surgiam.

O ministério de Jesus foi marcado por momentos importantes, rodeado por pescadores, sendo que, alguns de seus discípulos e apóstolos, eram profissionais da pesca. O mais conhecido deles foi Simão Pedro, identificado por sua inconstância e, também, por sua bravura.

Existiam cinco formas diferentes para a prática da pesca: com vara, anzol, linha, lança e redes. No caso da pesca com vara e com anzóis, havia menor índice de frequência, por isso, eram realizadas em pequena escala (Mt. 17.24-27; Jó 41.7), ao passo que, com redes, era mais comum, devido à necessidade de comercialização do pescado.

Havia dois tipos de rede: a de arrasto e a de arremesso. A rede de arremesso possuía um formato redondo e tinha entre 03 a 05 metros, com pesos de chumbo em toda as extremidades. As redes de arrasto, cobriam uma extensão de mais de 90 metros de distância e possuíam flutuadores na parte de cima. A partir de um determinado tempo, era puxada para a coleta dos peixes que ficavam presos.

d) Carpinteiro.

A atividade de carpintaria era muito comum em Israel. Essa atividade consistia em moldar a madeira, definindo suas formas para a obtenção de móveis e demais utensílios feitos para casa ou para outros fins. Os judeus não eram considerados os mais exímios mestres em carpintaria, mas dedicavam-se ao trabalho para atender as demandas que variavam desde coisas simples para o lar, até as necessárias para a construção de casas, telhados, portas e janelas.

Por essas demandas, era necessário que se tivesse um carpinteiro em casa ou, em uma das aldeias e cidades. Toda oficina de carpintaria precisava de ferramentas específicas para o desempenho da função. Dentre as que podem ser destacadas nos tempos bíblicos, temos: machado, formão, amolador, enxó, uma espécie de raspador da madeira, verrumas, espécie de aparelho especializado em fazer furos na madeira, a sovelas, serras e martelo.

Destaca-se que a profissão da família de Jesus estava ligada à carpintaria, assim, pode-se afirmar que, como José era carpinteiro, Jesus também possuía as habilidades para a carpintaria, tendo em vista que, na cultura judaica, competia ao pai ensinar uma profissão ao seu filho, para que pudesse sobreviver e manter a família, caso falecesse.

Questão para reflexão:

Como temos utilizado a nossa profissão para a glória de Deus? Como podemos servir a Deus e a seu Reino, através da minha atividade profissional?

CAPÍTULO 2

Grupos, classes e condições sociais

Assim como todas as demais sociedades da antiguidade, percebe-se que o povo de Israel carregava elementos de desigualdade entre os seus cidadãos, que demarcavam suas diferenças sociais, ocasionando com isso, problemas de ordem geral.

Esses problemas sociais promoviam a diferença e a desigualdade em Israel, sendo identificados através da relação existente entre os ricos e os pobres. Os ricos, por conta de suas riquezas, tinham acesso ao bem estar e à abundância de recursos, ao passo que, as camadas imersas na pobreza, vivenciavam a escassez de recursos e de condições de dignidade.

Quando se pensa na pobreza, constata-se como ela fere a própria dignidade humana, posta pelo próprio Deus em cada indivíduo, através da sua *Imago Dei*. A partir da queda do Homem, o pecado passou a fortalecer os elementos que trazem desigualdade e sofrimento social para as populações mais carentes.

Dessa forma, nos dedicaremos, neste capitulo, a discutir os princípios bíblicos que deveriam nortear as relações entre os indivíduos na sociedade de Israel, para que a pobreza não fosse uma de suas marcas. Em seguida, compreenderemos como eram vivenciadas as relações entre as classes sociais, os ricos e os pobres, assim como estudaremos como se desenvolviam os mecanismos sociais de cuidado para com os pobres.

Por fim, identificaremos a forma como se relacionavam alguns grupos sociais, presentes na sociedade de Israel, que sofriam com a discriminação, por conta de suas condições sociais, sendo eles: os escravos, os estrangeiros e o "povo da terra".

1.1. A perspectiva bíblica acerca das desigualdades sociais

Ao criar o homem e a mulher, Deus estabeleceu entre eles, relações sociais de igualdade, sem diferenças de ordem social. Adão foi colocado como gestor e cuidador da criação. Porém, após a entrada do pecado na realidade humana, o Homem passou a estabelecer formas de se diferenciar, por meio de sua condição social.

A partir de Abraão, nota-se que a lógica entre os israelitas era de igualdade entre eles, mas existiam diferenças nas funções que ocupavam, porém, nada que configurasse uma acentuada distorção entre grupos ou classes sociais.

Para que se possa entender o desenvolvimento da condição de desigualdade social em Israel, é importante perceber a maneira como se construiu, a partir do período de que o povo hebreu era nômade no deserto e quando passou a sersedentário, organizando-se em cidades.

a) Período nômade.

Durante esse período, a sociedade de Israel foi organizada em grupos familiares, propondo uma lógica de redução das desigualdades. A partir do relato bíblico, pode-se perceber que, na família de Abraão, existia a presença de escravos, como era o caso de Agar, Eliezer, Bila e Zilpa.

Mesmo sendo comum, entre os povos antigos, a prática da escravidão, não encontramos no texto bíblico nenhuma ocorrência de que os escravos tenham sido maltratados por Abraão ou por algum dos membros de sua família.

O povo de Israel chegou ao Egito para lá habitar e, depois de muitos anos, passou a vivenciar a escravidão. Com a saída do Egito, instaurou-se uma nova realidade: as pessoas eram consideradas livres, através da intervenção divina e, por essa razão, passaram a ter uma visão diferenciada sobre a prática da escravidão.

Assim, o povo passou os quarenta anos no deserto convivendo sobre uma perspectiva de igualdade de condições para todos. Essas condições de igualdade foram garantidas, a partir do estabelecimento da Lei Mosaica, que previa um tratamento justo para os escravos.

No entanto, mudanças ocorreram, no momento em que se

estabeleceram em cidades, a partir do período do sedentarismo, conforme veremos a seguir.

b) Período sedentário.

Nesse período, os grupos familiares passaram a se organizar em pequenas aldeias e cidades, não existindo, ainda, muitas diferenças em relação ao período nômade. No entanto, com o estabelecimento do regime de governo monárquico, o povo passou a experimentar uma estrutura social que favorecia a exploração da mão de obra escrava e a criação de camadas sociais que promoviam a desigualdade social.

Nesse período ainda, passaram a existir grupos sociais com especificidades e diferenças marcantes, como no caso dos oficiais e funcionários que serviam ao rei, além dos civis e militares. Além disso, com o aumento das relações comerciais realizadas entre os reinos, grupos familiares específicos eram favorecidos, constituindo riquezas que os diferenciavam das demais famílias, criando uma distorção acentuada na lógica da distribuição de renda na sociedade de Israel.

A partir desse momento, percebe-se mais ocorrências no texto sagrado, sobre a relação travada entre ricos e pobres (I Re. 17.12; II Re. 4.8), estabelecendo assim, uma nítida marca na estratificação social da sociedade de Israel, tal como era comum nas sociedades vizinhas.

c) A relação entre ricos e pobres na Bíblia.

Há advertências específicas, no texto sagrado, no que se refere à relação entre os ricos e pobres. Existe clara conceituação bíblica acerca dessa relação, estabelecendo que a acumulação de riqueza por parte dos ricos, não chama a atenção de Deus, porém, Ele se compadece do mais pobre e miserável.

Em todo o texto sagrado, encontra-se a preocupação que Deus tem para com os mais necessitados. Dentre os profetas do Antigo Testamento, identificam-se inúmeras denúncias contra aqueles que oprimiam e exploravam os mais pobres (Am. 4.1; 5.11; Zc. 7.10).

Jesus demonstrou esse cuidado para com os mais necessitados e desvalidos da sociedade. Na maior parte de seu ministério terreno, o Mestre passou seu tempo entre os mais pobres e marginalizados. Em suas pregações, deu ênfase ao cuidado para com os mais pobres e ensinou seus discípulos a ter mais atenção e compaixão para com esses, como diz Mateus 9.26: *"E, vendo as multidões, teve grande compaixão delas, porque andavam cansadas e desgarradas, como ovelhas que não têm pastor."*

O texto bíblico propõe uma relação diferente entre ricos e pobres. Compete aos mais ricos desenvolver a compaixão para com os que sofrem com a pobreza, e, aos mais pobres, compete dedicarem-se à uma atividade produtiva, para que possam sair da pobreza, como adverte o sábio Salomão (Pv. 6.6-11).

1.2. As classes sociais em Israel

Como tratamos anteriormente, foi a partir do estabelecimento da monarquia em Israel que a distorção social entre as classes se acentuou. Isso deu-se, pelo fato de que, somente no período monárquico, as relações comerciais internas e as diversas transações econômicas externas aumentaram, provocando crescente acúmulo de riquezas, por parte de alguns grupos familiares.

Esse fato fez com que a distância social entre ricos e pobres aumentasse, ocasionando uma distorção acentuada nas relações na sociedade judaica. Com isso, a lógica de igualdade entre os grupos familiares, tão comum entre os judeus, passou a ser modificada por relações de desigualdade social e aumento da miséria entre eles. Além disso, nota-se o quanto Deus passou a manifestar profunda desaprovação para com essa situação, por intermédio de seus profetas no Antigo Testamento, como nos fala Zacarias: *"Não oprimam as viúvas, nem os órfãos, nem os estrangeiros, nem os pobres. E não tramem o mal uns contra os outros"* (Zc 7.10).

Observa-se que Deus se apresentou no texto bíblico como sendo aquele que agiria em favor do pobre e do necessitado. Ele daria suporte e provisão no momento da diversidade e da angústia, sendo aquele que agiria com justiça para defender os que são oprimidos, por conta de sua situação de miséria (Is. 25. 4; Jr. 22.16).

No contexto do Novo testamento, Jesus se apresentou, não somente como aquele que direcionava sua atenção e compaixão para os mais necessitados, mas como quem fazia duras críticas aos que tinham, na riqueza, a sua confiança. Em várias partes dos Evangelhos, Jesus falava, ensinando e convivendo com aqueles que sofriam com o peso da miséria e da pobreza. Ele mesmo afirmou que veio trazer a mensagem do Evangelho para os pobres (Mt. 11.1-5).

No entanto, é necessário estabelecer um contraponto importante: ser rico não é pecado, assim como não significa, necessariamente, que todo rico foi alvo de profundas bênçãos. Personagens bíblicos foram criticados por Jesus, porque depositaram em suas riquezas toda a confiança e se negaram a seguí-lo, como aconteceu no caso do "Jovem Rico" (Mt. 19.16-24; Mc. 10.17-25). Assim, percebe-se que o texto sagrado não proibe aos que servem a Cristo, que adquiram riqueza, mas alerta para os perigos que ela pode trazer, se não for bem gerenciada, para a glória de Deus (Pv. 11.28; I Tm. 6.9).

No que se refere aos mais pobres em Israel, identifica-se que boa parte do povo, nos tempos bíblicos, era pobre, e, com isso, constata-se que esse fato foi construído em um processo histórico, que levou ao aumento da pobreza.   Pode-se   destacar   alguns deles: cobranças de muitos impostos para a manutenção da monarquia em Israel, a introdução da mão de obra escrava, que diminuiu a demanda de empregos, pelo fato de ser muito mais barata do que a mão de obra regular, a presença de uma grande quantidade de pessoas impossibilitadas de trabalhar, por conta de doenças crônicas ou adquiridas, como nos casos de cegueira e paralisia, a presença de um número considerável de órfãos, que eram abandonados, devido à morte dos pais, a incidência de muitas catástrofes naturais que tornavam as pessoas miseráveis por perderem tudo o que possuíam e, por fim, a atuação corrupta de muitos que trabalhavam com o empréstimo de dinheiro, cobrando juros muito altos.

Mesmo diante de todos esses fatores, nota-se que existia em Israel, uma preocupação com o cuidado com os mais pobres, que era previsto em sua legislação. A lei mosaica previa que os pobres fossem atendidos pela população com dignidade e respeito. Dentre elas, pode-se citar algumas que traziam esse enfoque.

a) Era estabelecido em Israel a prática da distribuição de recursos de forma justa (Dt. 14.28, 29).

b) Era dever praticar o perdão de dívidas a cada sete anos, no ano do Jubileu (Dt. 15.1, 4).

c) Era comum que todos os frutos que caíssem no chão, das plantações, fossem direcionados para os mais pobres (Lv. 19.9, 10).

d) Caso alguém se tornasse escravo por conta de endividamento deveria ser libertado no sétimo ano (Dt. 15.12).

e) Era proibida a cobrança de juros altos para os que fossem mais necessitados, para a manutenção de condições justas para todos (Êx. 22.25; Sl. 15.5).

Por fim, enfatiza-se como o texto bíblico chama a atenção para o cuidado com os mais pobres. Essa foi a preocupação do povo de Israel, nos tempos do Antigo Testamento, através da lei mosaica; foi demonstrado por Jesus em seu ministério terreno e uma preocupação da Igreja Primitiva em sua formação, quando se organizou para atender as necessidades das mulheres viúvas e dos pobres (At. 6) e, ainda, nos ensinamentos dos apóstolos, com fez Tiago ao afirmar: *"A religião pura e verdadeira aos olhos de Deus, o Pai, é esta: cuidar dos órfãos e das viúvas em suas dificuldades e não se deixar corromper pelo mundo."* (Tg 1.27).

1.3. Grupos sociais específicos em Israel

Dentro do sistema de estratificação social existente em Israel identificamos que, além das classes de ricos e pobres, existiam outros grupos sociais que recebiam tratamento especifico. Esse tratamento fortalecia a sua diferenciação em relação às demais pessoas do povo. Dentre esses grupos, destacaremos os escravos, os estrangeiros e o "povo da terra".

As diferenças sociais são construídas a partir de elementos ligados a um processo histórico, social e cultural, além disso, essas diferenças surgem a partir do contato ou da influência que uma sociedade recebe, a partir do relacionamento que estabelece com outros grupos sociais.

Dessa forma, podem-se perceber que o povo de Israel, desde que passou a possuir um sistema de organização social semelhante aos demais povos da antiguidade, que viviam próximos a ele, passou a absorver elementos sociais e culturais que contribuíram para a construção dessas estruturas de diferenças e desigualdades sociais.

Para que se compreenda melhor essa estrutura de diferenciação e desigualdade sociais, passaremos a analisar alguns desses grupos.

a) Os escravos

Como fora dito anteriormente, era comum a prática da escravidão entre os povos da antiguidade, tais como Egito, Grécia e Roma. Essa prática era bem aceita, devido ao seu baixo custo e, com isso, seu maior rendimento econômico na produção de bens e aplicação de serviços.

O povo de Israel vivenciou a mazela da escravidão durante o período em que foi escravizado no Egito. O uso da mão de obra israelita serviu para a realização de vários serviços. No entanto, este país teve muitos problemas quando Deus, por sua forte mão, resolveu retirar o seu povo da opressão de Faraó, levando-os à terra de Canaã.

Com isso, o povo de Israel passou a desenvolver medidas que pudessem estabelecer melhor cuidado para com os escravos. E, nesse ponto, faz-se uma observação crítica: mesmo passando por todos os problemas e sofrimentos existentes no Egito, devido à escravidão, o povo de Israel regulamentou a escravidão em seu contexto, da mesma maneira que os demais povos de sua circunvizinhança, no entanto, estabeleceram medidas rígidas para a manutenção dessa instituição no meio deles.

Dentre essa medidas, pode-se destacar algumas, que estabeleciam como seria regulamentada a relação entre os que eram escravos e seus respectivos senhores (ou proprietários). São elas:

* Poderiam ser escravos aqueles que estavam na condição de

prisioneiros de guerra, tanto para estrangeiros, como no caso de hebreus que perderam uma guerra (Nm. 31.11, 12; II Re. 5.2);

* Era permitida a compra ou venda da escravos, desde de que não fossem hebreus; no caso de estrangeiros, era permitida e muito comum entre eles (Dt. 24.7);

* Existiam casos em que determinadas pessoas passavam a ser escravas, de forma voluntária, quando esses indivíduos estavam em uma situação econômica que não permitia que pagassem as suas dívidas e, sequer, tinham condições de se sustentar. No caso de serem hebreus, poderiam trabalhar durante um período de seis anos e, no sétimo, seriam libertados (Lv. 25.39).

* Quando um indivíduo estava em uma situação de profundo endividamento, poderia vender-se como escravo, em troca de pagamento de suas dívidas. Era possível que o indivíduo se tornasse escravo, como consequência de um roubo, quando não pudesse restituir ao proprietário o que foi roubado. Configuradas estas duas situações, o trabalho como escravo seria a forma de pagamento (Êx. 22.3; Ne. 5.1-5; II Re. 4.1).

De acordo com a lei mosaica, o escravo estrangeiro tinha o direito de trabalhar para pagar a sua liberdade, no caso de ser ele, hebreu. Como foi falado anteriormente, ele trabalharia por seis anos e, no sétimo, seria libertado (Dt. 15.12-15).

Um fato relevante a ser destacado é que, na lei mosaica, existia uma previsão de que, os escravos que fossem maltratados com crueldade, poderiam ser libertados e, seu proprietário, punido por conta de seus atos. Isso demonstra a forma com a legislação de Israel buscava oferecer condições de justiça e bem estar aos escravos.

Já nos tempos neotestamentários, houve um aumento do número de escravos, devido à pratica comum do Imperio Romano. Um das formas que os cristão tiveram de resistir as inúmeras barbaridades relacionadas ao tratamento com os escravos, deu-se através do ensino doutrinário, pregado pelos apóstolos nas igreja locais. Como foi enfatizado pelo apóstolo Paulo. em vários passagens de suas cartas, estabelecendo como deveria ser a relação entre os escravos e os seus senhores (I Tm. 6.1-2; Éf. 6.5-9).

b) Os estrangeiros

Esta condição social era muito conhecida pelos hebreus, pois eles carregavam marcas em sua história, do significado de terem sido estrangeiros em terra estranha, tanto na experiência no Egito, quanto em terras babilônicas. Sendo assim, existia uma preocupação específica com esse povo na sociedade judaica.

Na legislação mosaica, encontram-se mecanismos de proteção com esses indivíduos. Eles poderiam viver na terra dos judeus, mas não deveriam ser "possuidores da terra". Além disso, a lei previa que poderiam ter o acesso à alimentação da mesma forma como era colocada para o "pobres da terra", ou seja, caso não tivessem recursos para a compra de alimentos, podiam alimentar-se dos frutos que ficaram no chão das plantações e árvores ou, do que restasse das colheitas (Lv. 19.10).

c) O "povo da terra"

Essa categoria está presente na narrativa bíblica, mas é uma expressão que sofreu alterações com o passar do tempo, na história de Israel. Ela pode ser aplicada em contextos históricos distintos, que são: antes do período do exílio babilônico, após esse exílio e, também, no período rabínico.

No período anterior ao exilio babilônico, pode-se perceber que o termo era usado para se referir ao "povo comum", em sua relação com o rei ou, em relação ao povo de Judá e os moradores de Jerusalém, demonstrando um elemento de distinção entre os povos. Sendo então, uma categoria de distinção social, para diferenciar socialmente os que viviam na corte e os que eram plebeus entre os moradores de Judá e Jerusalém, sendo que, nesse último caso, poderia aplicar-se aos homens livres, com direitos civis (II Re. 16.15; Ez. 7.27; Jr. 1.18; 34.19; 44.21)

No período pós-exílio babilônico, tem-se a aplicação do termo para referir-se aos moradores da terra que não eram de origem hebreia, mas que eram possuidores de terra, logo após o período da dispersão do povo (Ed. 3.3; 9.1, 2, 11; 10.2, 11; Ne. 9.30; 10.26, 31-32).

E por fim, no período rabínico, tem-se a aplicação do termo, para referir-se a todas as pessoas que habitavam em Israel, sem nenhuma distinção, sendo eles, judeus que observam as leis ou não.

Questão para reflexão:
Pense em formas que podem ser desenvolvidas em sua igreja local, a fim de aproximar os seus membros daqueles que são marginalizados e que sofrem com as consequências das desigualdades sociais e econômicas.

CAPÍTULO 3

Formas de sociabilidade e lazer

No capítulo anterior, estudamos um pouco das principais forma de grupos e classes sociais existentes em Israel e percebemos que a estrutura social trazia problemas com relação à desigualdade social, caráter comum nas sociedades atuais, mas, constatamos como a própria sociedade judaica trouxe soluções, a partir da aplicação de princípios deixados pelo próprio Deus, através da lei mosaica.

Nesse capitulo, continuaremos as discursões de caráter social, compreendendo um pouco mais sobre esse povo, através da percepção que tinham sobre o lazer e sobre como desenvolveram formas particulares de sociabilidade.

É comum ser feita a associação direta do povo de Israel, como povo de Deus, a uma lógica de elementos religiosos apenas. Fato comum e óbvio, tendo em vista que, muito de sua cultura estava ligada a elementos e marcas profundas da relação com o divino, com seres e fatos sobrenaturais.

No entanto, não se pode permitir que a compreensão ocidental de religiosidade, que sempre desassocia a vida religiosa do lazer e divertimento, faça com que se acredite que esses elementos não eram compartilhados pelos judeus, pois há uma crença, permeando a mentalidade ocidental dualista, de que vida de santidade e divertimento não combinam.

Para isso, faz-se necessário compreender um pouco da sociabilidade e do lazer. Ao falar de sociabilidade, refere-se à capacidade que todos os seres humanos possuem em desenvolver formas específicas de convivência e de relacionamentos. Elas estão presentes em vários espaços de convívio, sejam eles públicos ou privados.

Cada um desses espaços de sociabilidade contribuem para a socialização dos indivíduos de uma determinada sociedade e ajuda no compartilhamento e construção de elementos da cultura de um povo, relacionados a danças, músicas e, até mesmo, de diversão.

Sentidos específicos são desenvolvidos na construção desses elementos que constituem esses espaços de sociabilidade. Desta maneira, para compreendermos a lógica sociocultural do povo de Israel, dividiremos esse capítulos em três partes. Na primeira, focaremos a perspectiva bíblica acerca da diversão e lazer; na segunda, destacaremos a música como forma de lazer e divertimento e, por fim, a prática da sociabilidade, através dos esportes e brincadeiras.

1.1. A perspectiva bíblica acerca do divertimento e lazer

Sempre que estudamos a cultura judaica, é comum fazermos associação direta desse povo com elementos de cunho apenas religioso, mas, através dos estudos anteriores, pudemos identificar que, além dessa característica, o povo de Israel possuia uma profunda produção nas áreas da cultura e de bens.

Mesmo assim, temos em nossas mentes uma grande dificuldade em identificar entre eles, elementos ligados à práticas de lazer e divertimento. Um dos fatores que nos impede de perceber isso é por conta da direta relação que fazemos entre o divertimento e a profanação. Achamos que se divertir é algo extremamente distinto da forma de agradar a Deus.

É verdade que não temos nenhuma referência direta na narrativa bíblica acerca do divertimento ou do lazer, mas podemos inferir, mediante alguns fatos e princípios apresentados na Bíblia, que há satisfação em Deus, quando dedicamos tempo para nosso lazer e diversão, desde que não sejam construídos sob práticas que firam a santidade de nosso Deus.

É comum nas culturas humanas, marcadas pelos efeitos do pecado, associar práticas de divertimento a coisas que são contrárias a Deus. Lembre-se que a humanidade decaída em pecado busca, cada vez mais, satisfazer suas próprias vontades, no lugar de agradar Deus.

Durante a narrativa bíblica podemos identificar algumas formas de divertimento associadas à dança, música e aos esportes. No caso da música, podemos perceber que faz parte da lógica de sociabilidade do povo de Israel, desde o primeiro livro da Bíblia.

No contexto do Novo Testamento, podemos identificar que a prática dos esportes fazia parte da cultura da sociedade. Por essa razão, vemos o apóstolo Paulo fazendo referências ao atletismo, como comparativo com a carreira da vida cristã.

1.2. A música como forma de diversão e sociabilidade

A cultura do povo de Israel era marcada pelo uso da música. Ao longo da narrativa da vida do povo e dos principais personagens hebreus, percebe-se a presença de fatos em que a música serviu para ensinar, celebrar vitórias ou, ainda, para relembrar derrotas.

A música não era apenas utilizada para rituais ou cerimônias ligadas à religião, mas podemos identificá-la nos festejos de casamentos, nas festas religiosas e em datas importantes. A música em Israel estava muito ligada à celebração com danças, algo peculiar na cultura judaica. Na Bíblia, encontramos momentos em que a dança, associada à música, aparecem. Essas características festivas do povo de Israel nos ajudam a pensar como a nação usava a música para fins de lazer e interação entre as pessoas.

É possível identificar esses elementos, através de exemplos onde a música foi utilizada, com o propósito de celebração de alguma vitória ou alegria. Seguem alguns fatos: Conquista de Jericó (Js. 6), quando Davi dançou (I Cr. 15.29), a vitória do rei Josafá (II Cr. 19-22), o nascimento de Jesus (Lc. 2.13, 14), a presença dos músico no templo e nas sinagogas (Cl. 3.16).

Assim, esses fatos ilustram como a música era valorizada e utilizada para a mobilização de pessoas, não somente para a diversão, como também para a celebração de alegrias, vitórias e adoração a Deus.

Nas principais festas religiosas em Israel era comum o uso do livros de Salmos como hinário para condução das músicas que deveriam ser cantadas. Nesse livro estava a essência da cultura musical dos hebreus. É nele, também, que encontram-se as referências dos principais instrumentos utilizados pelo povo.

De forma geral, existiam três grupos de instrumentos na cultura judaica. Eram eles: os de sopro, os de cordas e os de percussão.

a) Instrumentos de sopro.

Existiam três tipos específicos de instrumentos de sopro: a flauta, a corneta e a trombeta. A flauta, geralmente, era utilizada em cerimônias fúnebres, provavelmente, por conta do seu som leve. Nessas cerimônias, era comum a utilização da flauta chamada *Halil*, produzida a partir de ossos de animais ou feita de madeira. Esse tipo de flauta não era utilizada para cerimônias de adoração.

Outro instrumento de sopro era a trombeta. O mais comum entre os judeus era o *Shophar*, produzido a partir do chifre de cordeiro, usado em cerimônias religiosas de adoração, como pode ser percebido no Salmo 150.3: *"Louvem-no com o toque da trombeta"*. Era, também, utilizado para proclamar ao povo judeu o primeiro dia do ano e dias santos.

b) Instrumentos de cordas.

Os principais instrumentos de cordas existentes em Israel eram: o *Kinnor*, (ou *cítara*, ou lira) e a *nebel* (ou harpa). O *kinner* era um instrumento com o formato semelhante ao de uma harpa e suas cordas eram feitas a partir das tripas de ovelha. Utilizava-se em festas, como nos informa Isaías 5.12: *"Em suas festas sempre há vinho e belas músicas, de lira e harpa, tamborim e flauta, mas nunca pensam no Senhor, não se dão conta do que ele faz."* Além de denunciar o problema no relacionamento do povo com Deus, Isaías destaca o uso da música nas festas particulares como meio de entretenimento.

Outro instrumento de cordas utilizado era o *nebel*, chamado de harpa, feito a partir da madeira e, as cordas, que chegavam a dez, produzidas com pelo de animais. Um dos músicos da Bíblia, considerado um excelente tocador de harpa, foi o Rei Davi. A Bíblia traz muitas referências ao uso que o rei Davi fez da harpa, usando-a, inclusive, como forma terapêutica para ajudar o rei Saul, no alívio de seu sofrimento, provocado por uma ação maligna (I Sm. 16.23).

c) Instrumentos de percussão.

Os instrumentos de percussão mais utilizados eram o tamborim (ou tambores) e os címbalos. Geralmente, eram fabricados a partir de madeira, pele de animais e eram tocados diretamente com as mãos ou com algumas varetas. Eam utilizados nas festas em geral e em cerimônias no templo, com nos diz I Crônicas 13.8: *"Davi e todo o Israel se alegravam diante de Deus com todas as suas forças, entoando cânticos e tocando todo tipo de instrumentos musicais: liras, harpas, tamborins, címbalos e trombetas.* No caso dos *címbalos*, eram feitos de cobre e usados no templo, sempre em conjunto (I Cr. 15.19).

1.3. A prática da sociabilidade através dos esportes e brincadeiras.

As duas formas de sociabilidade e lazer destacadas aqui relacionam-se à pratica dos esportes e ao uso de brincadeiras em Israel. Como afirmamos anteriormente, não há referência clara na narrativa bíblica sobre essas duas formas de sociabilidade e lazer mas, por inferência ao texto e, a partir de um contexto sociocultural mais amplo, podemos afirmar que faziam parte da cultura de lazer do povo judeu.

A partir de trabalhos de escavações arqueológicas, encontrou-se evidências que apontam para o fato de que, entre as crianças, era comum o uso de bonecos articulados, como forma de brincadeiras. O uso de bonecos e bonecas nas brincadeiras de crianças, também são evidências da cultura egípcia, que afetou o povo hebreu, devido ao tempo que foi escravo em sua terra.

Além disso, no Novo Testamento há um texto que cita as brincadeiras que as crianças faziam nos tempos de Jesus. Em Mateus 11.16, 17, lemos: *"A que posso comparar esta geração? Ela se parece com crianças que brincam na praça. Queixam-se a seus amigos: 'Tocamos flauta, e vocês não dançaram; entoamos lamentos, e vocês não se entristeceram'"*. Ao fazer esse tipo de referência, Jesus nos deu uma pista acerca do uso das brincadeiras como forma de sociabilidade presente no cotidiano das crianças de Israel, pois ele não faria uma comparação com aquilo que não fosse usual na cultura do povo judeu.

Além disso, podemos perceber que a prática de esportes era comum entre os judeus. É verdade, como afirmamos anteriormente, que não há evidências claras de que o povo de Israel praticava esportes, no entanto, podemos perceber que no contexto da antiguidade era muito comum o uso de determinadas modalidades, como maneira de exercício do corpo.

No caso dos povos gregos e romanos, identificamos a prática esportiva, ligada à lógica de valorização dos padrões estéticos da cultura grega. Por isso, era comum a realização de campeonatos para disputas em diversas modalidades, sendo que os campeões recebiam coroas feitas de ramos de árvores, simbolizando a coroação da vitória e o reconhecimento do trabalho.

No contexto do Novo Testamento, houve forte influência do Império Romano. Na cultura esportiva do povo romano, era comum a realização de lutas entre gladiadores, homens que desafiavam seus opositores até à morte. Essas lutas eram percebidas pela população como sendo um grande espetáculo em espaços construídos apenas para esse fim. Essas lutas eram cruéis e sangrentas, mas atraiam a atenção das massas, utilizando isso como forma de entretenimento cotidiano.

Há registros históricos que demonstram que, durante o reinado de Herodes, rei da Judeia, foram construídos anfiteatros, com a finalidade de se promoverem jogos olímpicos. Alguns dos lugares que possuíam essas construções e que faziam parte do contexto de vida dos judeus foram a Samaria, Cesareia e Itureia.

No decorrer das cartas paulinas, podemos encontrar referências que o apóstolo fez a essa cultura esportiva comum nos tempos do Novo

Testamento. Dentre eles, temos o texto mais direto registrado em II Timóteo 2.5 que diz: *"O atleta não conquista o prêmio se não seguir as regras."*. Vale salientar nesse texto, o fato de que o apóstolo Paulo fez duas referências à cultura esportiva de sua época, ao usar o termo "atleta" e "prêmio", sendo essa última referência, à coroa de ramos de árvores que era colocada na cabeça do atleta vencedor da competição.

Além desse, podemos citar outros textos referentes à linguagem relacionada à cultura esportiva presente no cotidiano do povo de Israel, nos tempos do Novo Testamento. São eles: Fp. 1.27; 3.13, 14; Cl; 4.12.

Questão para reflexão:

Pudemos perceber como estava presente na cultura judaica, a prática de esportes e de brincadeiras, como formas de lazer e entretenimento. Na sua opinião, o cristão deve desfrutar de momentos de lazer e diversão?

CAPÍTULO 4

Conflitos sociais e preconceitos em Israel

Assim como nos tempos atuais, a sociedade de Israel vivenciava situações em que a discriminação e o preconceito criavam diversos conflitos entre os indivíduos. Não podemos pensar que, pelo fato de o povo de Israel ter presenciado a manifestação de Deus, estavam imunes diante de comportamentos marcados pela ação do mal e do pecado na realidade humana.

Em capítulos anteriores, vimos como o pecado pode promover situações de profunda discriminação, relacionando à condição econômica ou o pertencimento de um indivíduo, a um grupo social específico. Nesse capitulo, nos deteremos a compreender os preconceitos presentes no povo judeu, que promoviam o aumento de situações de conflito e de violência, no convívio com povos vizinhos.

Para esse estudo, enfatizaremos algumas ideias comuns na ciência moderna da Sociologia e, como elas podem nos ajudar a compreender melhor esses elementos que podem trazer problemas em nosso trato atual, com relação aos demais povos com quem convivemos em nossa sociedade.

Dividiremos esse capitulo em três partes. Na primeira, nos deteremos a compreender como esse sentimento de superioridade surgiu no meio povo de Israel e como isso pôde favorecer o aumento dos conflitos sociais. No segundo, perceberemos como se detectava a discriminação racial, e como surgia a lógica de racismo entre eles. Por fim, estudaremos sobre como o preconceito religioso demarcava lógicas de segregação e de conflitos sociais.

1.1. Exclusivismo como problema social

Muitos judeus, até os dias atuais, carregam em si, um sentimento de superioridade e de exclusivismo, pelo fato de terem sido escolhidos por Deus dentre os demais povos e nações, mas Deus sempre demonstrou que sua escolha não era para que demonstrassem superioridade e sim, para que refletissem o seu grande amor, ao escolher uma nação tão pequena e esquecida dentre todos os demais povos.

Porém, esse sentimento foi um grande problema para o povo de Israel, no decorrer de sua história, gerando conflitos diversos, com vários povos. No entanto, é inegável que Deus lhes concedeu uma benção específica, através de Abraão (Gn. 12.2, 3). Assim, percebemos que a escolha de Deus por Israel não os colocou num pedestal, antes, atribuiu-lhe responsabilidades específicas, para que demonstrassem a santidade e o poder de Deus, para todos os demais povos.

E, muitas vezes, assim como Israel, perdemos a nossa compreensão do que significa pertencer a Deus e ser seu povo, passando a ceder a certos comportamentos e práticas que são contrárias aos que determinam os princípios bíblicos. Por muitas vezes, o povo judeu perdeu o foco e passou a se envolver com outros povos, reproduzindo elementos que traziam desonra para o próprio Deus.

Ser povo de Deus não concede o direito de achar que os demais povos são inferiores ou indignos do seu amor e bondade. Significa assumir o compromisso de ser fiel a Ele e às suas verdades, levando a outros povos, tais verdades.

1.2. Preconceitos raciais

Por se acharem superiores em relação a outros povos, algumas vezes em sua história, Israel causou estranhamento, refletido pela atuação de outras nações em relação a ele. Há os casos dos samaritanos, dos gregos, dos romanos e, por fim, dos galileus.

a) Os samaritanos

Acreditava-se que os samaritanos eram descendentes da mistura entre os povos, na ocasião da invasão do Reino Norte, pelo rei da Assíria. Devido à fama que os assírios tinham de ser cruéis e perversos, os judeus passaram a ser profundamente intolerantes para com os samaritanos. Era comum que os samaritanos fossem tratados com tanta discriminação, o que os tornava, realmente, intolerantes.

No ministério de Jesus, podemos perceber um momento em que o Mestre passou a confrontar esse tipo de relacionamento. Tradicionalmente, os judeus que resolvessem passar por Samaria eram agredidos e terrivelmente violentados. Essa postura construiu-se a partir de um fato histórico, quando os judeus invadiram as terras dos samaritanos, destruíndo todas as propriedades. Como retaliação a essa ação dos judeus, os samaritanos profanaram o Templo, espalhando nele ossos humanos.

Esse fato nos ajuda a entender um pouco sobre o motivo da relação conflituosa entre judeus e samaritanos. Observa-se que Jesus foi um destemido combatente do preconceito entre os judeus e os samaritanos.

b) Gregos e romanos

A partir da narrativa bíblica, encontramos muitas evidências de como a relação entre judeus e os romanos e gregos era ruim. Isso ocorreu, devido à dominação greco-romana no território, durante o período neotestamentário.

Esse sentimento de aversão sociocultural que os judeus tinham para com os gregos e romanos trazia problemas com relação à maneira como vivenciavam a fé no Cristo. É bem verdade que a liberdade e a vida dos judeus foram profundamente marcadas, por conta da ocupação militar dos romanos e dos gregos em seu território. Mas, nos tempos da igreja primitiva, vemos alguns problemas que surgiram, devido aos conflitos que existiam entre eles.

Um desses confitos, concentrou-se no fato dos judeus gregos reclamarem que suas viúvas não estavam sendo atendidas pelas ofertas que vinham de Jerusalém, o que despertou a necessidade de se constituir um grupo de homens que pudessem se preocupar com isso, os diáconos (At. 6.1).

Nesta cena, percebemos como a questão de discriminação de origem racial trouxe problemas para a igreja nascente. Além disso, temos a recorrente dúvida sobre os cristãos oriundos dentre os gentios, se estes precisavam ser circuncidados ou não (At. 15; Gl. 6.12-16). Todas elas têm enfoque na problemática da discriminação e do preconceito com relação a origem racial.

c) Galileus

A discriminação social que esse grupo social sofria estava relacionada diretamente à concepção social que os judeus da Judeia tinham dos judeus da Galileia, sendo que os judeus da galileia configuravam-se como grupo que tinham maior resistência à ocupação do Império Romano ao território de Israel.

Por possuírem um temperamento duro e resistente, os galileus sofriam discriminação dos fariseus que os perseguiam por interpretarem a Lei de forma diferente daquela que defendiam. Por todos esses fatores, os galileus eram marginalizados e considerados mais ignorantes, incultos e grosseiros.

Para que percebamos o tamanho do preconceito que os galileus sofriam, podemos denotar que eram discriminados pelo sotaque que tinham, pois era diferente dos demais judeus (Mt. 26.73; Mc. 14.70). Por isso, há uma grande probabilidade de Jesus ter utilizado o Aramaico em suas pregações, para que pudesse alcançar esse grupo social marginalizado.

1.3. Preconceitos religiosos

A estrutura de preconceito religioso presente no meio do povo de Israel era diretamente ligado à maneira como criou formas, às vezes, bem fundamentalistas, para que questões religiosas ou ordem dada pelo próprio Deus fossem resolvidas.

Isso relaciona-se ao fato de que, quando o povo de Israel chegou às terras de Canaã, tinha a missão de não se contaminar com as crenças e práticas consideradas abomináveis que existiam lá. Por essa razão, Deus estabeleceu que deveria exterminar todo tido de prática contrária ao que estava definido pela lei mosaica.

A interpretação que utilizaram, fez com que passassem a acreditar que tinham que travar uma guerra para que eliminassem, definitivamente, todo tipo de indivíduo que praticasse qualquer coisa ligada à religião, que fosse considerada abominação a Deus.

Além disso, o sentimento de exclusivismo e de superioridade cultural e religiosa do povo judeu, fez com que se colocasse como juíz , por vezes, como foi o caso do profeta Jonas, em relação à pregação da Palavra de Deus, às nações que precisam ouvir sobre o Senhor.

Esse preconceito religioso pôde ser percebido na prática de alguns líderes religiosos em Israel, que criavam interpretações da lei muito mais rígidas, frente ao que a própria lei dizia, colocando assim, uma carga superior à capacidade que os indivíduos poderiam carregar.

Questão para reflexão:
Elabore estratégias que podem ser desenvolvidas por sua comunidade local para o combate aos principais preconceitos que existem no bairro

onde você mora ou onde sua igreja está inserida.

CAPÍTULO 5

Aspectos religiosos do culto na sociedade de Israel

Nos capítulos anteriores, discutimos elementos que se relacionavam à dinâmica da vida social e econômica da sociedade israelita dos tempos bíblicos. Para isso, enfatizamos as formas de trabalho, lazer e sociabilidade. Agora, compreenderemos um pouco como os judeus pensaram a lógica religiosa no processo histórico e, com isso, como foi-se construindo a noção de culto.

Dividiremos esse capítulo em seis sessões, com etapas específicas da história sociocultural de Israel, bem como sua compreensão em relação à forma como o culto e a religião deveriam ser organizadas. Na primeira parte, apresentaremos, de forma panorâmica, a compreensão bíblica acerca do culto, seu significado e características. Em seguida, analisaremos como o culto foi se desenvolvendo no período patriarcal, de maneira ainda primitiva e espontânea, sem muitos aparatos reguladores e institucionais.

Na terceira parte, focaremos na compreensão do culto, no período mosaico, onde iniciou-se o processo de instituição da religião, através da construção do Tabernáculo. Na quarta parte, identificaremos como a lógica de culto seguiu seu caminho no período monárquico, com a construção do templo e, tampém, como os rituais e sacrifícios se ampliaram na sociedade.

Na quinta parte, nos deteremos em perceber como o culto se

reconfigurou, por conta do período do exilio e pós-exílio, quando os judeus perderam sua estrutura básica de culto e, por isso, configuraram-no, através da constituição da sinagoga.

Por fim, na última sessão, perceberemos como o culto no Novo Testamento foi mantido e como transmite princípios reguladores para o culto da igreja contemporânea.

1.1. A perspectiva bíblica acerca do culto

A narrativa bíblica nos traz elementos essenciais para a prestação de culto a Deus. Precisamos, para que haja coerência, entender como tal prática se dava e quais eram os prícipios que as regiam.

A primeira referência que temos de culto, localiza-se no texto de Genesis 4.2-7, que retrata a dedicação de oferendas a Deus por Abel, como gratidão pela provisão divina. No entanto, o texto também cita as oferendas trazidas por Caim, irmão de Abel. Nesse contexto, vemos que Deus recebeu as oferendas de Abel, rejeitando as de Caim.

Nesse episódio, podemos identificar alguns fatores reguladores da prática do culto na narrativa bíblica:

a) O caráter de espontaneidade na dedicação das oferendas a Deus;

b) A perspectiva de sinceridade demonstrada por Abel na dedicação das oferendas;

c) A conduta diária pode afetar a maneira como dedicamos oferendas a Deus, como no caso de Caim, que contribuiu para que fossem rejeitadas;

d) A participação efetiva e direta de Deus na lógica cúltica. Deus não é um ser meramente passivo ao receber as oferendas, antes, Ele interage, demonstrando satisfação ou rejeição.

Assim, podemos identificar que os atores de fé presentes na ação do culto, são percebidos como um dos parâmetros estabelecidos pela narrativa bíblica, ou seja, Deus estabelece uque o culto deva ser pensado e vivido, como elemento de serviço integral do fiel a ele, como nos diz o Salmo 100.2: *"Sirvam (prestem culto) ao Senhor com alegria, apresentem-se diante dele com cânticos"*.

Somente através da lei mosaica, o culto passou a ser regulamentado, mediante normas que sistematizavam as oferendas e principais cerimônias. Mas, durante toda a narrativa bíblica, podemos identificar princípios básicos reguladores que são conservados e nos ajudam a perceber como deve ser a lógica do culto. O culto deve possuir um caráter monoteísta, ou seja, Deus deve ser o único a ser cultuado, servido e adorado. Por conta disso, o culto não pode possuir nenhum indicador de idolatria.

Em segundo lugar, o culto deve possuir um caráter relacional que destaque a relação de proximidade entre Deus e o fiel que o serve e o adora. Cada um desses aspectos devem ser atendidos por todos os que desejam se aproximar do Senhor, mediante a prática do culto. Eles estão postos no texto sagrado.

1.2. O período patriarcal e a noção de culto anterior ao Tabernáculo

No período denominado de patriarcal, houve forte influência de personagens notáveis, como Abraão, Isaque, Jacó e José. Nesse período, não existia uma lógica de religião e culto instituído, porém, era comum que as famílias ligadas ao povo de Israel agissem com devoção religiosa.

Como não existia uma legislação que regulamentava a prática do culto e nem da religião, o local do culto estava diretamente relacionado às diversas "Teofanias" ocorridas. Um Teofania referia-se a uma manifestação de Deus no meio do povo. Esses eventos, ocorridos em lugares específicos, demarcavam onde se poderia prestar o culto a Deus e oferecer-lhe oferendas. Alguns lugares são destacados como notórios destas manifestações: Siquém (Gn. 12.6, 7), Betel (Gn. 28.20-22; 35.1-9) e Berseba (Gn. 26.23-25).

Como não existiam sacerdotes instituídos, os patriarcas assumiam a função, no momento de oferecer sacrifícios, que eram realizados nos lugares citados, não só pelos patriarcas, como por parte de muitas pessoas do povo.

Nesse período, podemos perceber alguns dos elementos que contribuiram para a constituição da lógica religiosa e cúltica no Tabernáculo e no Templo, ou seja, a presença de sacrifícios de animais e o uso de azeite para a unção de pessoas e animais.

1.3. O período mosaico e o Tabernáculo e a institucionalização do culto religioso

Foi no período da liderança de Moisés, à frente do povo de Israel, que identificamos o processo de institucionalização da religião oficial. Através dele, criaram-se regulamentações de como deveria ser a estrutura do culto e como deveriam ser oferecidos os sacrifícios de animais e outros elementos, tais como frutas e cereais.

Para começar o processo de institucionalização do culto, Deus estabeleceu a construção de uma tenda móvel para que o povo pudesse sacrificar, em adoração e, também, como meio de purificação de pecados.

O Tabernáculo, que significava "tenda" ou "habitação", tinha grande significado na sociedade hebreia, porque através dele, Deus se manifestava no meio do povo. Isso resultava em maior temor, gerando a necessidade de se buscar, ter e manter um relacionamento mais próximo e de santidade para com Deus.

O Tabernáculo possuía dimensões e estrutura que foram definidas por Deus, através de um projeto minucioso transmitido a Moisés, para a sua elaboração. Todo o detalhamento pode ser percebido no registro de Êxodo 25-31, onde percebemos o cuidado de Deus, ao definir elementos com riqueza de detalhes e significados, para que o povo pudesse apresentar suas oferendas e sua adoração.

Através da presença do Tabernáculo no meio do povo, foi favorecida a construção de uma cultura religiosa ativa de Israel. Até os dias atuais, são fortes os princípios religiosos no cotidiano da sociedade judaica.

Para simbolizar a presença de Deus no meio do povo, foi ordenado que se construísse uma caixa quadrada, feita de madeira de acácia, de 1,25 m de comprimento por 0,75 m de altura e de largura, toda folheada a ouro, denominada de *Arca da Aliança*. Ela possuía argolas, por onde eram encaixadas duas artes feitas para a sua locomoção. Dentro dela, eram conservadas as placas da Lei esculpidas em pedra, a vara de Arão que floresceu e um vaso com maná. Estava coberta pela tampa (propiciatório) . Esta tampa era importante, pois era no propiciatório que Deus se manifestava e falava com Moisés.

Para poder gerenciar cada um dos detalhes de funcionamento do Tabernáculo, Deus estabeleceu que a tribo de Levi, a qual pertencia a família de Arão, fosse a responsável pelos serviços sacerdotais. Dentre as funções recebias pelos membros da tribo de Levi, estava a do sumo sacerdote, que tinha a missão de apresentar-se no dia reservado para a expiação dos pecados de todo o povo, o dia da expiação nacional. Neste dia, ele adentrava sozinho no Santo dos Santos, ou Santíssimo lugar, para ministrar em favor da nação, devendo estar em profunda santidade e purificação, para que não morresse, caso estivesse em pecado(Lv. 21.10-15).

Regularmente, eram oferecidos sacrifícios e oferendas distintas. Segundo a Lei mosaica, as ofertas poderiam ser voluntárias ou obrigatórias. As que fossem voluntárias, eram reconhecidas como sendo: *holocausto, ofertas pacíficas e de manjares,* e representavam as ações de gratidão a Deus.

As consideradas obrigatórias, referiam-se as de *oferta pelo pecado* e *oferta pela culpa.* Essas duas estavam ligadas ao relacionamento que cada um deveria ter e manter para com Deus, buscando viver em santidade.

Tendo em vista, a maneira como a vida religiosa de Israel confunde-se com o cotidiano de atividades sociais, constata-se a existência de um calendário de festas e atividades religiosas, definido a partir das festas mais importantes, ou seja, a Festa da Páscoa, que celebrava a libertação do povo do Egito, a Festa de Pentecostes ou das Semanas, que referia-se à gratidão pelas primeiras colheitas e, por fim, a Festa dos Tabernáculos, que celebrava a provisão divina, durante a passagem pelo deserto.

1.4. O período monárquico e a construção do Templo

A história do povo de Israel foi profundamente marcada com o seu estabelecimento em Canaã. Lá, promoveram mudanças na forma como pensavam a organização social e a estrutura das condições de vida e de trabalho. Isso se deu porque, somente em Canaã, passaram a ter morada fixa e, com isso, mudaram a perspectiva da vida rural à urbana.

Esse processo de mudança afetou, também, a maneira de se pensar a religião. Foi nesse período que houve ampliação da lógica do sistema religioso, sendo que fora melhor organizado, pensado num modelo de culto fixo, diferente de como se dava no Tabernáculo.

Assim, foi somente com Salomão que o projeto do Rei Davi tomou forma e foi concretizado: construir um lugar para a adoração a Deus, um templo de adoração ao Senhor de Israel (II Sm. 7.2). Dessa maneira, Salomão tornou isso possível, construindo uma estrutura magnífica para culto ao Todo-Poderoso.

O templo foi inaugurado em 963 a. C., com estrutura semelhante à do tabernáculo (I Re. 6.7; II Cr. 3, 4), porém, possuía outros espaços que davam a ele, maior amplitude e magnificência em sua arquitetura. Sua inauguração foi marcada por uma profunda *Teofania,* onde a glória de Deus se manifestou, de tal maneira, que nem os sacerdotes e nem o povo presente conseguiram ficar em pé pra ministrar, tamanha era a presença de Deus naquele lugar (II Cr. 7.1-3).

Foi nesse período que Deus levantou um personagem importante para estruturar a vida religiosa em Israel – o profeta. O principal direcionamento do profeta em sua atuação no meio do povo, foi denunciar injustiças e irregularidades existentes na religião, o cuidado com o culto e com a aplicação da lei do Senhor, na vida individual do povo e das autoridades constituídas.

A ação do profeta podia ser percebida, através de algumas atitudes:

a) Denúncia acerca da mudança do significado do culto (Mq. 6.6-7);

b) Alerta acerca da quebra de rituais ou uma convocação ao arrependimento (Am. 2.4, 8; 5.21-24);

c) O combate da influência da idolatria e do paganismo de outras nações na lógica do culto ao Senhor Deus (II Re. 18.4; Is. 2.8, 20; Os. 8.4-6).

No final desse período, o templo foi destruído por tropas de Nabucodonosor, rei da Babilônia, em 586 a. C. Os rituais religiosos em Israel foram interrompidos por um período considerável de tempo, comprometendo, não somente a espiritualidade do povo, mas toda a estrutura religiosa existente em Israel.

1.5. Sinagogas e a nova forma de pensar o culto religioso em Israel

Durante o período do exílio babilônico, o povo de Israel ficou disperso, juntamente com seus sacerdotes e isso trouxe profundas mudanças na estrutura religiosa do povo judeu. Como estavam distante da sua terra, os judeus passaram a pensar em novas formas de viver a religiosidade e a estrutura da religião.

Uma das maneiras pensadas foi a de trazer um novo sentido ao local do culto e ao ritual dos sacrifícios. Foi a partir daí que constituiram-se as chamadas sinagogas. A palavra "sinagoga" tem o sentido de "reunidos juntos", ou seja, pressupunha a ideia de promover a reunião e a unidade do povo disperso, assim como tinha um caráter didático-pedagógico para que o povo não perdesse a sua identidade com a *Torah*. Então, na sinagoga, os livros da *Torah* eram lidos e as orações eram feitas.

Como as sinagogas tinham caráter de promover a reunião do povo, em torno do estudo da Lei e das orações, não existiam regras muito rígidas para a abertura de uma sinagoga. Era necessário apenas que um grupo mínimo de 10 homens consentissem em reunião, para que possibilitasse a abertura. Dessa forma, um deles era escolhido como sendo o chefe da sinagoga e, outro, como seu assistente. Assim, o chefe da sinagoga passava a assumir o dever de um líder espiritual do grupo e, o seu assistente, tinha o dever de auxiliá-lo.

A estrutura de uma sinagoga era pensada de forma simples. Existiam dois espaços: o da acomodação da pessoas para a reunião e, um outro, para a guarda e preservação da Lei.

1.6. O culto religioso no Novo Testamento

O templo construído por Zorobabel sofreu fortes depredações, sendo restaurado apenas no tempo de Herodes, tornando-se o seu grande empreendimento, com o propósito de atrair para si a atenção e o prestígio do povo judeu.

Nos Evangelhos, temos várias passagens referentes a esse templo, sendo o lugar em que Jesus fez ministrações e ensinou o povo. Sua estrutura era magnífica, composta por mármore branco, coberto por ouro em partes específicas, que refletia a luz do sol, denotando o seu esplendor.

Tinha um formato retangular, com vários compartimentos, tais como: o átrio exterior, onde ficavam os gentios, o átrio interior, onde estavam os sacerdotes e era proibido o acesso aos gentios e, por fim, o átrio das mulheres, lugar reservado especificamente para elas.

Era no átrio dos sacerdotes que ficava o grande altar, reservado para que se pudesse fazer os sacrifícios a serem queimados. O santuário era dividido, como no Tabernáculo, em santo lugar e lugar santíssimo. Devido ao grande volume de sacrifícios e, pelo fato de cada uma dessas oferendas ser taxada, o templo tornou-se um lugar, não somente de adoração religiosa, como de negociação e corrupção. O templo era sustentado por essas taxas e por ofertas voluntárias, levadas pelos fiéis.

A vida religiosa nos tempos neotestamentários era regida por um calendário religioso muito peculiar, com festas que mobilizavam todo os moradores de Israel. Podemos destacar algumas das festas que foram acrescidas às que existiam tradicionalmente. São elas: a festa Purim, descrita no livro de Ester e que se refere ao livramento que o povo teve e a festa da Dedicação, que relembrava e celebrava a purificação do templo, em 165 a. C., realizada por Judas Macabeu (Jo. 10.22).

Dessa maneira, percebemos que a história do povo de Israel confunde-se com a sua vida religiosa e sua prática da prestação de culto a Deus. Por essa razão, durante todo o Novo Testamento, vemos princípios que devem servir para regular a nossa prática, enquanto cristãos, na dedicação de culto ao Senhor. Segundo o aposto Paulo, o culto deve ser feito, através de um senso de profunda consciência e de racionalidade, entendendo muito bem quem é aquele que adoramos e o que fazemos para cultuá-lo: *"Portanto, irmãos, suplico-lhes que entreguem seu corpo a Deus, por causa de tudo que ele fez por vocês. Que seja um sacrifício vivo e santo, do tipo que Deus considera agradável. Essa é a verdadeira forma de adorá-lo."* (Rm. 12.1).

Questão para reflexão:
Reflita sobre como tem sido a sua postura, tanto no culto coletivo, em sua comunidade local, como em seus momentos devocionais com Deus. Deus tem sido adorado de verdade? Você tem se apresentado com um coração puro e com uma mente aberta para ouvir o que Deus

tem a lhe dizer?

CONSIDERAÇÕES FINAIS

Todos os estudos promovidos para a compreensão melhor das Escrituras torna-se algo fascinante. Isso se dá pelo fato de ser a Bíblia Sagrada, um livro extraordinário. Cada verdade e princípios pensados e apresentados na Bíblia trazem, para todo aqueles que as estudam, condições de conhecer mais a Deus e perceber o quanto somos necessitados dEle.

No percorrer de cada um dos capítulos, pudemos nos aproximar um pouco dos elementos que constituíam a vida e obra do povo judeu, com suas características culturais e, através delas, foi possível melhor compreender e aplicar as verdades bíblicas.

Compreender para melhor aplicar as verdades bíblicas foi o grande princípio perseguido durante a elaboração deste material. Nossa intenção e desejo foram que você pudesse ter percebido isso, incorporado à sua pratica de vida, enquanto estudante das Escrituras Sagradas.

O que temos de registro sobre o povo de Israel, serve para a nossa melhor compreensão do universo social e cultural que esse povo produziu e esteve inserido, em anos de relacionamento com o Deus todo poderoso. Suas histórias de vitórias e de conflitos, fazem com que consigamos perceber o quanto precisamos depender de Deus, em tudo o que fizermos no nosso dia a dia.

Além disso, aprendemos que a vida cristã deve ser conduzida com seriedade no trato com as coisas sagradas, na dedicação ao culto de adoração ao Senhor e na produção de músicas e louvores que exaltem a grandeza do Deus Criador.

Dessa forma, compete, como servos e servas de Deus que somos, que nos dediquemos, cada vez mais, no aprofundamento das verdades reveladas na Palavra de Deus e, a partir delas, nos empenharmos em fazer com que sejam reais e aplicáveis em cada dia de nossa vida, em cada relação social que desenvolvermos, impactando assim, nossas famílias, igrejas locais, comunidades, cidades e toda a nação.

Que Deus nos ajude no cumprimento dessa missão de servi-lo, amá-lo, honrá-lo e glorificá-lo com tudo o que temos e somos.

EXERCÍCIOS

UNIDADE I – A FAMÍLIA COMO PROJETO DE DEUS

CAPÍTULO 1: FAMÍLIA – FORMAÇÃO SOCIAL E IMPORTÂNCIA BÍBLICA

1- Preencha as lacunas abaixo:

Ao criar o homem e a mulher Deus desigou que deveriam __________ e __________. Nessa designação surgiram os primeiros filhos de Adão e Eva. Nesse primeiro formato da família Deus trouxe alguns __________ que se tornaram base para a constituição da família. Eles podem ser identificados no texto de Genesis 2.24: __________, __________ e __________.

2- Coloque V para verdadeiro e F para falso

(   ) Os pais eram responsáveis pela liderança da família

(   ) Os pais não colaboraram para formação profissional de seus filhos

(   ) Os pais escolhiam uma esposa para os seus filhos

(   ) Cada um dos filhos possuía uma posição específica na família

(   ) As filhas não eram preparadas para serem boas esposas e dedicadas ao marido

CAPÍTULO 02: O DESENVOLVIMENTO DA VIDA NA SOCIEDADE DE ISRAEL - A CONCEPÇÃO, O NASCIMENTO E FORMAÇÃO EDUCACIONAL

1- Preencha as lacunas abaixo

Outro fato interessante da cultura do povo de Israel era o de muitas mulheres acreditarem que o _________ era provocado por coisas que elas tivessem __________, como __________ e __________.

2- Preencha as lacunas abaixo
Para ___________ no trabalho de parto, existia em Israel uma __________ que dava orientações para aliviar o _____________________.

3- Assinale a alternativa correta
a (   ) De forma geral, a escolha do nome do filho recém-nascido era tarefa dos vizinhos
b (   ) A circuncisão era caracterizada pela remoção do prepúcio dos meninos recém-nascidos, no seu oitavo dia de vida
c (   ) O método de ensino aplicado pelos professores judeus era o da não repetição

CAPÍTULO 03: CASAMENTO, FAMILIA E VIDA COTIDIANA
1- Preenchas as lacunas a baixo
É no __________ que o homem e a mulher passaram a __________ das bênçãos que Deus reservou para as dimensões da vida __________, __________ e __________.

2- Associe as colunas, de acordo com a numeração estipulada:
(1) noivado   (2) dote   (3) a festa de casamento

(   ) Geralmente, tinha seu início na véspera, quando o noivo, acompanhado de amigos, saíam em cortejo até a casa da noiva, para buscá-la e conduzí-la até à festa.
(   ) Era a materialização de uma compromisso estabelecido, a partir da escolha feita pelos pais dos noivos.
(   ) Uma quantia em dinheiro era paga ao pai da noiva, pelo noivo ou por seus familiares.

3- Associe a segunda coluna de acordo com a primeira
(1) casamento monogâmico
(2) casamento poligâmico
(3) casamento misto
(4) casamento endogâmico

( ) era caracterizado pela união de um dos cônjuges com mais de uma pessoa.

( ) era caracterizado por ser um casamento realizado entre pessoas do mesmo povo ou cultura.

( ) era caracterizado pelo união de um homem com uma mulher.

( ) era caracterizado pelo casamento realizado entre pessoas de povos ou culturas diferentes.

CAPÍTULO 04: RELACIONAMENTOS E PROBLEMAS FAMILIARES

1- Preenchas as lacunas abaixo:
Dessa forma, vemos que a ___________ passou a ser incorporada ao cotidiano dos judeus de tal maneira, que se tornou ___________ termos ___________ com mais de uma ___________ .

2- Coloque V para verdadeiro e F para falso
( ) as viúvas eram mantidas pelo filho mais novo, caso já fosse maior.

( ) no Antigo Testamento, o divórcio não era comum entre as famílias

( ) o adultério referia-se à quebra da aliança matrimonial de um dos cônjuges.

( ) Israel acreditava que ter muitos filhos estava ligado à maldição de Deus para com uma família ou para com um povo.

CAPÍTULO 05: O PAPEL SOCIAL DA MULHER EM ISRAEL
1- Preenchas as lacunas a baixo
Deus ao pensar a ___________ não projetou algo de ___________ classe ou ___________ ao homem, mas sim, alguém que tinha uma ___________ fundamental para a humanidade e para o plano de Deus para o mundo.

2- Assinale a alternativa correta
a ( ) apenas o homem possui a Imagem de Deus.

b ( ) tanto o homem quanto a mulher possuem a Imagem de Deus contida neles.

c ( ) apenas a mulher possui a Imagem de Deus.

3- Assinale a alternativa correta

a (   ) O mestre Jesus, em todo o seu ministério terreno, nunca valorizou a atuação das mulheres

b (   ) O mestre Jesus, em todo o seu ministério terreno, às vezes, valorizou a atuação das mulheres

c (   ) o mestre Jesus, em todo o seu ministério terreno, sempre valorizou a atuação das mulheres

UNIDADE II – SÁUDE E CUIDADOS COM O CORPO

CAPÍTULO 1: HÁBITOS ALIMENTARES E A NOÇÃO DE VIDA SAUDÁVEL EM ISRAEL

1- Coloque V para verdadeiro e F para falso

(   ) geralmente, as refeições eram servidas em utensílios e pratos de barro e de madeira.

(   ) o ato da refeição era visto com um momento de comunhão, mas também dizia respeito a um ato de comprometimento com a pessoa que é convidada para fazer a refeição.

(   ) no jantar, geralmente, eram servidos carnes, vegetais, vinhos, grãos e manteiga.

(   ) a refeição do final do dia, era mais abundante em bebidas e em frutas.

2- Assinale a alternativa correta

a (   )Pão: era considerado como item fundamental da dieta diária, tanto de pobres quanto de ricos, sendo, normalmente, fermentados.

b (   ) Fruta: era considerada como item fundamental da dieta diária, tanto de pobres quanto de ricos, sendo, normalmente, fermentadas.

c (   ) Proteínas animais: eram consideradas como item fundamental da dieta diária, tanto de pobres quanto de ricos, sendo, normalmente, fermentados.

3- Preencha as lacunas abaixo

Dessa forma, identificamos como os ___________ possuíam uma prática alimentar muito pautada na busca pela ___________ e ___________ de um padrão saudável para o desempenho de suas atividades ___________ e de suas ações ___________.

CAPÍTULO 2: FORMAS DE HIGIENIZAÇÃO DO CORPO

1- Preencha as lacunas abaixo

Na Lei de Moisés, vemos que a preocupação com a __________ do corpo era pré-requisito para poder se __________ a Deus. Os sacerdotes precisavam se submeter a um ritual de __________ todas as vezes que precisavam oferecer sacrifícios em prol do __________ (Lv. 11-15; Dt. 23).

2- Assinale a alternativa correta

a (   ) O ato de tomar banho era considerado pelos judeus como algo não tão sério que se relacionava com a lógica de sua relação com Deus.

b (   ) O ato de tomar banho era considerado pelos judeus como algo tão sério que se relacionava com a lógica de sua relação com Deus.

c (   ) O ato de tomar sol era considerado pelos judeus como algo tão sério que se relacionava com a lógica de sua relação com Deus.

3- Assinale a alternativa correta

a (   ) Ter os cabelos e a barba arrumados não possuía significado social muito marcante para os homens e, para as mulheres, no cuidado com os cabelos.

b (   ) Ter os cabelos e a barba arrumados possuía um significado social muito marcante para os homens e, para as mulheres, no cuidado com a barba.

c (   ) Ter os cabelos e a barba arrumados possuía um significado social muito marcante para os homens e, para as mulheres, no cuidado com os cabelos.

CAPÍTULO 3: PADRÕES CULTURAIS E FORMAS DE SE VESTIR

1- Coloque V para verdadeiro e F para falso

(   ) Roupas internas: essas roupas eram usadas por cima das roupas principais, demonstrando a ideia de que estar somente com elas, significaria estar despido.

(   ) Roupas internas: essas roupas eram usadas por baixo das roupas principais, demonstrando a ideia de que estar somente com elas, significaria estar despido.

(   ) Roupas externas: eram as roupas que ficavam mais visíveis para ao povo.

( ) Roupas externas: eram as roupas que ficavam mais invisíveis para ao povo.

2- Assinale a alternativa correta

a ( ) Principais acessórios decorativos: braceletes, boné, anéis, brincos e argolas.

b ( ) Principais acessórios decorativos: braceletes, correntes, anéis, brincos e argolas.

c ( ) Principais acessórios decorativos: braceletes, correntes, anéis, brincos e relógios.

CAPÍTULO 4: CUIDANDO DO CORPO E OS TRATAMENTOS DE DOENÇAS

1- Preencha as lacunas abaixo:

A _________ era uma doença relacionada a problemas de _________ e que causava muito temor nos tempos bíblicos, por ser fácil _________ e por trazer diversos _________ para o indivíduo que era contaminado.

2- Preencha as lacunas abaixo

Mesmo atuando no meio do povo, os _________ não poderiam atestar a _________ de seus pacientes. Era necessário que, depois do tratamento, os indivíduos se apresentassem ao _________ para que, através deles, a cura fosse atestada e, assim, o doente considerado _____________.

CAPÍTULO 5: A MORTE E O MORRER NA CULTURA JUDAICA

1- Coloque V para verdadeiro e F para falso

( ) A morte passou a fazer parte da vida humana a partir do momento que o pecado trouxe a separação entre o homem e Deus.

( ) A morte passou a fazer parte da vida humana a partir do momento que o amor trouxe a separação entre o homem e Deus.

( ) A morte é uma das características que mais aproximam seres humanos de sua realidade de humanidade.

( ) A morte é uma das características que mais aproximam seres humanos de sua realidade de animalidade.

2- Preencha as lacunas abaixo

O ritual do __________ se relacionava ao tempo de __________ que a família e amigos passavam. Esse período durava ___ dias, sendo os três primeiros marcado por um _________ e ___________, em que não se trabalhava ou se respondia a saudações públicas.

UNIDADE III – SOCIEDADE E VIDA COTIDIANA EM ISRAEL

CAPÍTULO 01: AS DIFERENTES FORMAS DE HABITAÇÃO E MORADIA EM ISRAEL

1- Assinale a alternativa correta:

a (   ) modelo nômade: não se fixavam em uma área para desenvolver sua agricultura e/ou pecuária, mas iam buscando lugares e terras que pudessem favorecer esse tipo de vida, junto à agricultura e pecuária.

b ( ) modelo sedentarismo: não se fixavam em uma área para desenvolver suaagricultura e/ou pecuária, mas iam buscando lugares e terras que pudessem favorecer esse tipo de vida, junto à agricultura e pecuária.

c (   ) modelo nômade: fixavam-se em uma área para desenvolver suas agricultura e/ou pecuária, mas iam buscando lugares e terras que pudessem favorecer esse tipo de vida, junto à agricultura e pecuária.

2- Assinale a alternativa correta:

a (   ) modelo sedentarismo: passaram a não ter uma moradia fixa em região. Passaram a desenvolver seu modo de viver e de produzir meios para a sua sobrevivência.

b (   ) modelo nômade: passaram a ter uma moradia fixa em uma região. Passaram a desenvolver seu modo de viver e de produzir meios para a sua sobrevivência

c (   ) modelo sedentarismo: passaram a ter uma moradia fixa em uma região. Passaram a desenvolver seu modo de viver e de produzir meios para a sua sobrevivência

3- Preencha as lacunas abaixo

Outros _________ comuns nas casas dos judeus eram as ___________, os __________, os _________ e a ___________.

CAPÍTULO 02: AS FORMA DE PENSAR O TEMPO E A SUA CONTAGEM

1- Assinale a alternativa correta

a (   ) os judeus acompanhavam um calendário de ano solar que possuía 354 dias, promovendo uma diferença de 11 dias ao longo do ano solar, promovendo uma distorção em relação as fases das estações.

b (   ) os judeus acompanham um calendário de ano lunar que possuía 354 dias, promovendo uma diferença de 11 dias ao longo do ano solar, promovendo uma distorção em relação as fases das estações.

c (   ) os judeus acompanham um calendário de ano lunar que possuía 365 dias, promovendo uma diferença de 11 dias ao longo do ano solar, promovendo uma distorção em relação as fases das estações.

2- Coloque V para verdadeiro e F para falso.

(   ) É somente com a lei do levirato que a lógica do descanso passa a ser institucionalizada, definindo o sábado como o dia do descanso e, por isso, dia sagrado

(   ) na semana criativa, Deus estabeleceu a lógica de que devemos nos preocupar com o trabalho cotidiano da vida, mas temos também que nos preocupar com o tempo para o descanso.

(   ) É somente com a lei mosaica, que a lógica do descanso passa a ser institucionalizada, definindo o sábado como o dia do descanso e, por isso, dia sagrado

(   ) na semana criativa, Deus estabelece a lógica de que devemos nos preocupar com o trabalho cotidiano da vida, e não nos preocupar com o tempo para o descanso.

3- Associe a segunda coluna de acordo com a primeira:

a) Primeira vigília   (   ) das 21h às 00h.

b) Segunda vigília   (   ) das 03h às 06h.

c) Terceira vigília   (   ) das 18h às 21h.

d) Quarta vigília   (   ) de 00h às 03h.

CAPÍTULO 03: UNIDADES DE MEDIR NA CULTURA JUDAICA

1- Associe a segunda coluna de acordo com a primeira

a) Côvado comum   (   ) equivalência de 54cm.

b) Côvado forte   (   ) equivalência de 45cm ou 02 palmos.

c) Côvado fraco   (   ) equivalência de 22cm ou 01 palmo.

2- Preencha as lacunas abaixo

As __________ só passaram a existir no século VII a. C., na região da Ásia Menor e, assim, os __________ passaram a perceber que elas facilitavam muito as __________ monetárias em geral dentro de uma __________.

3- Assinale a alternativa correta

a (   ) moeda judaica: Lepton, que significa "pequeno" ou "fino".

b (   ) moeda judaica: Dracmas, didracmas, estáter ou tetradracmas e mina.

c (   ) moeda judaica: Quadrante, asse, sestercios e denarius.

CAPÍTULO 04: OS CONTEXTOS URBANO E RURAL NOS TEMPOS BÍBLICOS

1- Preencha as lacunas abaixo:

Essa __________ fez com que os judeus passassem a ser mais __________ a um tipo de espiritualidade que compreendesse que Deus é aquele que __________ e __________ o povo constantemente.

2- Preencha as lacunas abaixo

Assim que as __________ começam a se organizar, vemos que áreas como o __________, __________ e a __________ tiveram um espaço garantido nas dinâmicas da vida cotidiana.

CAPÍTULO 05: LÍNGUAS, LINGUAGENS E COMUNICAÇÃO

1- Assinale a alternativa correta

a (   ) A língua hebraica é considerada uma língua de origem canaanita, pois vem juntamente com outras línguas do povo de Canaã.

b (   ) A língua hebraica é considerada uma língua de origem semita, pois vem juntamente com outras línguas do povo de Sem.

c (   ) A língua hebraica é considerada uma língua de origem benjamita, pois vem juntamente com outras línguas do povo de Benjamim.

2- Assinale a alternativa correta

a ( ) A principal característica do hebraico era a sua simplicidade, no fato de ser utilizada pelos mais pobres e simples da sociedade judaica, nos tempos bíblicos.

b ( ) A principal característica do Aramaico era a sua simplicidade, no fato de ser utilizada pelos mais ricos e importantes da sociedade judaica, nos tempos bíblicos.

c ( ) A principal característica do Aramaico era a sua simplicidade, no fato de ser utilizada pelos mais pobres e simples da sociedade judaica nos tempos bíblicos.

UNIDADE IV – ASPECTOS SOCIOECONÔMICOS DO POVO DE ISRAEL

CAPÍTULO 01: O TRABALHO COMO BENÇÃO DIVINA

1- Preencha as lacunas abaixo:

O __________ é uma atividade criada por Deus para trazer o __________ e a __________ do ser humano em sua coletividade.

2- Assinale a alternativa correta:

a ( ) Profissões de Israel: agricultor, advogado, pescador e carpinteiro.

b ( ) Profissões de Israel: agricultor, pastor de ovelhas, pescador e carpinteiro.

c ( ) Profissões de Israel: agricultor, pastor de ovelhas, pescador e pintor.

3- Preenchas as lacunas abaixo

A profissão da família de Jesus era a __________. Podemos afirmar que, assim como José era carpinteiro, Jesus possuía as habilidades para a carpintaria, tendo em vista que na cultura judaica competia ao pai __________ uma profissão ao seu filho para que pudesse __________ e __________ a sua família caso o pai falecesse.

CAPÍTULO 02: GRUPOS, CLASSES E CONDIÇÕES SOCIAIS

1- Coloque V para verdadeiro e F para falso:

( ) Poderiam ser escravos aqueles que estavam na condição de prisioneiros de guerra, tanto para estrangeiros, como no caso de judeus que perdiam uma guerra.

( ) Poderiam ser escravos aqueles que não estavam na condição de prisioneiros de guerra, tanto para estrangeiros como no caso de judeus que perderam uma guerra.

( ) Era permitida a compra ou venda da escravos, desde que fossem hebreus; no caso de estrangeiros, era permitido e muito comum entre eles.

( ) Era permitida a compra ou venda da escravos, desde que não fossem hebreus, no caso de estrangeiros, era permitido e muito comum entre eles.

2- Coloque V para verdadeiro e F para falso:

( ) Existiam casos em que determinadas pessoas passavam a ser escravas de forma voluntária, quando esses indivíduos estavam em uma situação econômica que não pudessem pagar as suas dívidas e se sustentar.

( ) No caso de serem hebreus, poderiam trabalhar durante um período de seis anos e, no sétimo, seriam libertados.

( ) Quando um indivíduo estava em uma situação de profundo endividamento, ele poderia vender-se como escravo, em troca de pagamento de suas dívidas.

( ) Era possível que o indivíduo se tornasse escravo, como consequência de um roubo que não pudesse restituir ao proprietário do bem, o que foi roubado

CAPÍTULO 03: FORMAS DE SOCIABILIDADE E LAZER

1- Preencha as lacunas abaixo:

No contexto do __________ Testamento, podemos identificar que a prática dos __________ fazia parte da cultura da sociedade. Por essa razão, vemos o apóstolo Paulo fazendo referências ao __________ como comparativo com a __________ da vida cristã.

2- Assinale a alternativa correta:

a ( ) As formas de sociabilidade e lazer não possuíam referências claras na narrativa bíblica, mas, a partir de um contexto sociocultural mais amplo, podemos afirmar que faziam parte da cultura de lazer do povo judeu.

b ( ) As formas de sociabilidade e lazer possuíam referências claras na narrativa bíblica, mas, a partir de um contexto sociocultural mais amplo, podemos afirmar que elas faziam parte da cultura de lazer do povo judeu.

c (   ) As formas de sociabilidade e lazer não possuem referências claras na narrativa bíblica, mas, a partir de um contexto sociocultural mais amplo, podemos afirmar que elas não faziam parte da cultura de lazer do povo judeu.

CAPÍTULO 04: CONFLITOS SOCIAIS E PRECONCEITOS EM ISRAEL

1- Assinale a alternativa correta:

a (   ) Os judeus tinham preconceitos raciais com os seguintes povos: samaritanos, gregos, romanos e, por fim, os ingleses.

b (   ) Os judeus tinham preconceitos raciais com os seguintes povos: brasileiros, gregos e romanos e, por fim, os galileus.

c (   ) Os Judeus tinham preconceitos raciais com os seguintes povos: samaritanos, gregos e romanos e, por fim, os galileus.

2- Preenchas as lacunas abaixo

Esse preconceito __________ pode ser percebido na prática de alguns líderes religiosos em Israel, que criavam uma interpretação da Lei muito mais __________ do que própria Lei, colocando uma __________ muito maior do que os indivíduos poderiam ___________.

CAPÍTULO 05: ASPECTOS RELIGIOSOS DO CULTO NA SOCIEDADE DE ISRAEL

1- Coloque V para verdadeiro e F para falso:

(   ) O caráter de obrigatoriedade na dedicação das oferendas a Deus.

(   ) A perspectiva de falsidade demonstrada por Abel na dedicação das oferendas.

(   ) A conduta diária não pode afetar a maneira como dedicamos oferendas a Deus, como no caso de Caim, contribuíram para serem rejeitadas.

(   ) A participação esporádica e indireta de Deus na lógica cúltica. Deus não é um ser meramente passivo ao receber as oferendas, mas interage, demonstrando satisfação ou rejeição.

2- Assinale a alternativa correta:

a (   ) O Tabernáculo, que significa "tenda" ou "habitação", tinha uma grande significação na sociedade judaica, pelo fato de ser, através dele, que Deus se fazia presente no meio do povo.

b (   ) O Templo de Salomão, que significa "tenda" ou "habitação", tinha uma grande significação na sociedade judaica, pelo fato de ser, através dele que Deus se fazia presente no meio do povo.

c (   ) O Tabernáculo, que significa "tenda" ou "habitação", não tinha uma grande significação na sociedade judaica pelo fato de ser, através dele, que Deus se fazia presente no meio do povo.

4- Preencha as lacunas abaixo:

A palavra __________ tem o sentido de "reunidos juntos", ou seja, pressupunha a ideia de promover a __________ e a __________ do povo disperso, mas também tinha um caráter didático-pedagógico, para que o povo não perdesse a sua __________ com a *Torah*, então, era na Sinagoga que os livros da *Torah* eram __________ e as __________ eram feitas.

REFERÊNCIAS

BÍBLIA SAGRADA: letra grande, nova versão transformadora. Rio de Janeiro: Thomas Nelson Brasil, 2018.

BRUCE, F. F. **Comentário bíblico NVI**: antigo e novo testamentos. São Paulo: Editora Vida, 2012.

COLEMAN, William L. **Manual dos tempos e costumes bíblicos**. Belo Horizonte: Editora Betânia, 1984.

DOWLEY, Tim. **Pequeno manual bíblico**. São Paulo: Editora Mundo Cristão, 1996.

ELLIOTT, John Hall. **Um lar para quem não tem casa**: interpretação sociológica da primeira carta de Pedro. Santo André (SP): Academia Cristã; São Paulo: Editora Paulus, 2011.

EMBRY, Margaret. **Trabalho e Sociedade**. A vida cotidiana nos tempos bíblicos. São Paulo: Editora Ática, 1996.

MACARTHUR, John. **As parábolas de Jesus comentadas por Mac Arthur**: os mistérios do Reino de Deus revelados nas histórias contadas pelo Salvador. Rio de Janeiro: Thomas Nelson Brasil, 2016.

MACDONALD, William. **Comentário Bíblico popular**: novo testamento. São Paulo: Editora Mundo Cristão, 2008.

PAPE, Dionísio. **Justiça e Esperança Hoje**: a mensagem dos profetas menores. São Paulo: ABU, 1983.

ROPS, Henri Daniel. **A vida diária nos tempos de Jesus**. São Paulo: Editora Vida Nova, 1986.

TENNEY, Merril C., PACKER, J. I., WHITE, Jr. William. **Vida Cotidiana nos tempos bíblicos**. São Paulo: Editora Vida, 1984.